B Haneberg

Zur Erkenntnisslehre

B Haneberg
Zur Erkenntnisslehre
ISBN/EAN: 9783744690102
Hergestellt in Europa, USA, Kanada, Australien, Japan
Cover: Foto ©Thomas Meinert / pixelio.de

Weitere Bücher finden Sie auf **www.hansebooks.com**

Zur Erkenntnisslehre

von

Ibn Sina und Albertus Magnus

von

B. Haneberg.

Aus den Abhandlungen der k. bayer. Akademie der W. I. Cl. XI. Bd. I. Abth.

München 1866.

Verlag der k. Akademie,
in Commission bei G. Franz.

Druck von F. Straub, Wittelsbacherplatz 3.

Zur Erkenntnisslehre

von

Ibn Sina und Albertus Magnus

von

B. Haneberg.

Die scholastische Philosophie wird durch keinen Schriftsteller des Abendlandes so umfassend vertreten, wie durch Albert den Grossen. Thomas von Aquin wird ihn an Scharfsinn und Präcision übertreffen, an Umfang des Quellenstudiums hat Albert nicht seines Gleichen. Es ist nicht selten, dass er bei der Erörterung einer Frage die Meinungen der bedeutendsten Philosophen von Thales bis Themistius, andererseits von Alfarabi bis Moses Maimonides ausführlich bespricht. Ein bedeutender Theil dieser Citate und Referate ist allerdings aus den in der That gelehrten Commentaren des Averroes zu Aristoteles genommen, wie Jedermann finden kann, der etwa die schöne lateinische Venetianerausgabe: Aristotelis Opp. cum Averrois Cordubensis variis in eosdem Commentariis 1550 ff. vergleichen will; allein es bleibt des gelehrten Materials, das Albertus selbstständig herbeigeholt hat, immer noch so viel, dass wir seine Ausdauer bewundern müssen. Er benützte ausser verschiedenen neuplatonischen Schriften, wie das Buch von den Ursachen, Hermes Trismegistos, auch Schriften von Maimonides, die „Quelle des Lebens" von Ibn Gabirol und andere Werke, die Averroes nicht anführt, wie Commentare von Eustratios Nicänus und Michael von Ephesus. Einen sehr umfassenden Gebrauch machte er von mehreren philosophischen Werken des Avicenna, welcher nach Averroes mit Alfarabi durch Albert bis zum Ende der scholastischen Periode eine Art Mitherrschaft in der Schule erlangt hat. Wurde Avicenna häufig nur citirt, um widerlegt zu werden, so hörte er hiebei doch nicht auf, in der Schule ein grosses Wort zu führen.

Freunde und Feinde jener Scholastik, für welche Albertus von allen Weltgegenden das Baumaterial herbeigeschafft und bis zu einem gewissen Grad auch verarbeitet hat, müssen, um in ihrem Urtheile gerecht zu sein, sich ebenso unabweisbar auf die arabischen, wie die griechischen Quellen einlassen.

Nach einer bereits von Munk nach H. Chalfa gemachten Bemerkung ist Ibn Sina vielfältig von Alfarabi abhängig; man möchte daher erwarten, dass eine Vergleichung der Lehre Alfarabi's mit der von Albert vorangestellt würde. Allein gerade der Umstand, dass Ibn Sina die Leistungen seines Vorgängers fast ganz in die seinigen aufnahm, liess die Werke des erstern weit mehr verschwinden, als die des letztern.[1]

Man kann sich mit ziemlicher Sicherheit darauf verlassen, dass man im Wesentlichen Alfarabi mithört, wenn man Avicenna hört; womit jedoch nicht gesagt sein soll, dass eine genauere Untersuchung über das Verhältniss beider überflüssig sei[2]. Die letzten Jahre haben uns die Kenntniss Alfarabis durch das Bekanntwerden einzelner seiner philosophischen Traktate erleichtert. Was uns vorliegt, hat im Allgemeinen das Urtheil H. Chalfa's bestätigt; wir haben Avicenna meistens auf den Fussstapfen Abu Nassar's getroffen, wo uns die Vergleichung möglich war. Doch werden wir Gelegenheit haben, auch bedeutende Abweichungen anzumerken.

Hinsichtlich der Quellen, aus welchen die Theorie Avicenna's geschöpft werden kann, sind wir im Ganzen besser bestellt, als bei irgend

---

1) Munk, Mélanges de Philosophie Juive et Arabe 1859. S. 342.
2) H. Edelmann hat in der Zusammenstellung chemdah genusah, Königsberg 1856 auf 4 Oktavblättern einen hebr. Beitrag zur Erkenntnisslehre Alfarabi's geliefert. Die Münchner Handschrift von Palkira's Maaloth enthält Auszüge aus Alfarabi.

einem andern arabischen Philosophen; das Original der Hauptwerke ist vollständiger erhalten, als bei irgend einem andern; aber gerade die Hauptwerke sind schwer zugänglich und noch immer ist selbst die Bibliographie hier unvollständig.

Wir haben besonders durch eine treffliche Abhandlung von Munk [1]) schon seit geraumer Zeit eine bibliographische Kenntniss von zwei philosophischen Encyklopädien Avicenna's, wovon die eine ein Auszug aus der andern ist. Der Auszug, al-Neg'ât, welcher ziemlich mager ausgefallen ist, wurde in Rom als Anhang zu dem medicinischen Kanon gedruckt. Dieser Auszug kann nur geringe Hülfe bieten, wenn es gilt, über irgend eine bestimmte Frage die selbständige Ansicht Avicenna's zu erfahren.

Die grosse Encyklopädie, Al-schefâ genannt, scheint sehr selten vorzukommen.[2]) In der Bibliothek des alten Serails in Konstantinopel sah ich ein schönes Exemplar, aus welchem ich jedoch nur wenige Excerpte nehmen konnte.

Ich war damals schon einem bedeutenden Theile dieser Encyklopädie auf der Spur, welcher als liber medicinae überschrieben, früher meiner Aufmerksamkeit entgangen war, obwohl er sich in unserer Hausbibliothek befindet. Es ist Cod. Rehm. 81, welcher das fünfte und einen bedeutenden Theil des sechsten Buches enthält.[3])

Das sechste Buch dieser Handschrift stimmt nach einer angestellten Vergleichung wörtlich mit jener lateinischen Uebersetzung des sechsten Buches überein, welche um 1490 zu Pavia und 1508 zu Ve.,edig gedruckt wurde und so überschrieben ist: Incipit opus egregium de anima qui sextus naturalium Avicene dicitur.

Andererseits ist dieser auf solche Art lateinisch publicirte Theil offenbar ein und dasselbe Werk, wie das sechste Buch der „naturalia" des Avicenna, welches Albertus anführt.[4])

---

1) Mélanges de Philosophie Juive et Arabe 1859 S. 352 ff.
2) Nach Munk S. 355 l. c. findet sie sich fast ganz auf der Bodlejana zu Oxford.
3) Die Handschrift war als liber medicinae bezeichnet, daher gieng ich an ihr lange vorüber, ohne sie zu prüfen. Der Anfang, welcher das „fünfte Buch" ankündet, war in „erstes Buch" verändert, wohl um den Käufer nicht abzuschrecken; überdiess war ein falscher Titel aufgeklebt.
4) De anima l III. t. 2 II. c. 14. p. 147.

Das uns vorliegende Original enthält einige Stellen, welche die Erkenntnisslehre betreffen, bricht aber vor der eigentlichen Abhandlung hierüber ab.

Von noch grösserem Werthe ist es für jeden Versuch einer Darstellung des Systems von Ibn Sina und namentlich zur Beleuchtung seiner Erkenntnisslehre, zwei weitere philosophische Werke benützen zu können, welche H. Munk nicht bekannt zu sein scheinen. Das eine findet sich in der Sprenger'schen Bibliothek in Berlin, das andere in der kaiserlichen Bibliothek zu Wien.

Auf das letztere hat bereits Flügel in seiner Uebersicht der Wiener Handschriften hingewiesen [1]). Es ist ebenfalls ein encyklopädisches Werk, worin mit prägnanter Kürze die Hauptmomente der Philosophie nicht auszugsweise, sondern gerade mit Betonung des Schwierigern dargestellt werden. Es verdient daher den Titel, welchen es führt: „Die Hauptmomente der Philosophie" Oyûn el ḥikmet (عيون الحكمة). Wir sehen aus Hadschi Chalfa [2]), dass dieses Werk epitomirt und commentirt wurde. Der türkische Literaturhistoriker hebt unter den Commentaren jenen am meisten hervor, welcher den als Gesetzesgelehrten und Polyhistor berühmten Mohammed ibn Omar Fachreddin el-Râzi zum Verfasser hat.

Gerade dieser Commentar findet sich mit dem Texte Avicenna's in der Wiener Handschrift [3]), deren Benützung mir aufs liberalste gegönnt wurde.

Fachreddin Râzi, von der Zeit Avicenna's etwa über ein Jahrhundert entfernt [4]), ist keineswegs ein Nachtreter des von ihm erklärten Author's, nicht einmal ein Freund; er übernimmt nicht selten die Rolle des Gegners und Censors, wie aus der Textbeilage an mehreren Stellen erhellt.

Diese von uns bei dem Commentar über Oyûn el ḥikmet gemachte Bemerkung stimmt vollkommen mit jener überein, welche Hadschi Chalfa

---

1) Wiener Jahrbücher d. liter. Jahrg. 1842 Bd. 96. Nr. 158.
2) Ed. Flügel IV p. 290.
3) Cod. arab. Mixt. 169. (1435.)
4) Avicenna starb bekanntlich i. J. d. H. 428, d. i. 1036 n. Chr., Fachreddin Râzi ist nach Sobki, tabakât Cod. Rehm. n. 41 f. 125. b. im J. d. H. 544, oder 543, d. i. 1148 geboren.

über die Tendenz eines Commentares von demselben Fachreddin macht. welcher der Erläuterung eines andern philosophischen Werkes Avicenna's gewidmet ist. Es ist diess ein Ueberblick über die philosophischen Fächer im Interesse der Religionsphilosophie in zehn Abschnitten (eigentlich Teppichen بساط). Das Exemplar, welches die k. preussische Bibliothekverwaltung in Berlin mir freundlichst zur Benützung überliess, ist leider nachlässig und incorrekt geschrieben (Cod. Sprenger Nr. 1803). Immerhin ist es ein sehr werthvolles Dokument der arabischen Literatur, welches eine eingehende Analyse verdient. Der Titel ist bescheiden: „Andeutungen zur Erweckung der Aufmerksamkeit." (Ischârât ul tenbihât.) Unter den Commentaren nennt Hadschi Chalfa (Ed. Flügel 1. p. 300 ff. Nr. 743) den nämlichen Fachreddin Razi, von welchem eben die Rede war, mit dem Bemerken, seine Erklärung sei eher eine Entleerung (eigentlich eine Wunde; Wortspiel: kein schar‛h, sondern ein g‛ar‛h). Später hätte sich Naçireddin Tusi an die Beleuchtung der Schrift gemacht mit Benützung des von Râzi Geleisteten. . Mit diesem Commentar ist die Copie der Berliner Handschrift versehen.

Von ganz besonderem Werthe für die Erkenntnisslehre würde die kleine, aber gedrängt gefasste Schrift de Intelligentiis, sein, wenn wir sie in einer verlässigen Ausgabe besässen. In der Zusammenstellung von Avicennischen Traktaten, welche 1508 von den Augustinern von St. Johann de Viridario theils in neuer theils in alten Uebersetzungen [1]) herausgegeben wurde, findet sich nach dem Werke de natura animalium von Bl. 64 b. an: „Liber avicenne. In primis et secundis substantiis: et de fluxu entis. Unmittelbar darauf, fol. 68 und 69 Liber Alpharabii de intellectu, worauf Avicenna's Metaphysik, aus el-Schefâ und al-Neg‛ât übersetzt von f. 70 bis 109 kommt. Am Ende steht die Bemerkung: Explicit Metaphysica Avicenne, sive ejus prima philosophia optime castigata et emendata per canonicos et regulares sancti Augustini. In monasterio divi

---

1) Das Werk de natura animalium f 29 ff. wurde für Kaiser Friederich (II) aus dem Arabischen übersetzt durch Magister Michael Scotus. Der Kaiser wird am Anfang begrüsst: Frederice domine mundi Imperator fuscipe devote hunc librum Michaelis scoti . ut sit gratia capiti tuo . et torques collo tuo.

Joannis de viridario Commorantes. Ad laudem dei. Die Castigatio und Emendatio hat offenbar auch bei der Schrift de intelligentiis stattgefunden, denn f. 67 col. 2 wird die höchste Art der Erkenntniss durch eine Stelle aus Augustinus charakterisirt.

Um so willkommener muss es sein, dass uns das ausgezeichnete Werk Schahrastanis durch Cureton's Ausgabe (London 1842. Uebers. von Haarbrücker. Halle 1850) zugänglich ist. Dieser für seine Zeit gelehrte Schriftsteller hat das System Avicenna's mit grösserer Ausführlichkeit behandelt, als irgend ein anderes. Da an einzelnen Stellen nachgewiesen werden kann, dass jene Darstellung buchstäblich aus al-Schefâ genommen ist, mögen wir ihm überall getrost vertrauen. Nimmt man noch eine von Golius (mit carmen Thograi Leyden 1629) und von Schmoelders (Documenta Philosophiae Arabum Bonn 1836 S. 11—23 und 26—42) herausgegebene Piece hinzu, so ergiebt sich ein recht ansehnliches Material. Wir beschränken uns in der folgenden Abhandlung auf die Hauptmomente der Erkenntnisslehre. Die Verschiedenheit der Richtung muss hier natürlich sehr deutlich hervortreten. Wenn sich gleichwohl hier die abendländische Scholastik an die morgenländische so mannigfach anschliesst, wie gezeigt werden soll, so lässt sich die Nothwendigkeit, eine aus und mit der andern zu erklären, nicht läugnen. Es schien nicht nöthig, jedes Zusammentreffen ausdrücklich zu bemerken: die objektive Darstellung der beiderseitigen Theorie würde darunter leiden. Am wenigsten jedoch durften Bemerkungen hierüber dann fehlen, wenn Albert, trotz treuer Nachfolge in Einzelnheiten, doch gerade bei den wichtigsten Momenten den eigenen Weg geht.

Wir lassen die Terminologie Avicenna's (I) vorangehen, in welcher natürlich mehrere Hauptpunkte der Theorie schon eine vorläufige Erklärung finden. Es folgt (II) die Theorie Alberts und endlich diejenigen Momente der Theorie Avicenna's (III), welche in der Terminologie nicht aufgeklärt wurden. Den Schluss bildet eine arabische Beilage aus dem Werke Avicenna's: Oyûn-el-'hikmet.

I.

Es kann überraschen, dass wir die ersten authentischen Erklärungen über Noëtik bei Avicenna in der Physik suchen und finden. Diese Einreichung ist nicht so fast dadurch zu erklären, dass nach Avicenna der Grund des Erkennens von einer Art von kosmischem Vorgange sich hervorbildet, der mit dem Ausstrahlen des Lichts verglichen werden kann, sondern einfach durch die Art, wie bei ihm die aristotelischen Schriften verarbeitet sind. Die Bücher von der Seele fallen bei ihm in die Kategorie der tabiat, naturalia, wie schon Albertus wusste.[1]) Hier nun ist zunächst die Rede davon, wie die denkende Seele von dem animalischen Lebensprincip sich unterscheide. Die Erörterung über die Unterschiede und das Eigenthümliche der einzelnen Seelenkräfte, über ihren Wechselverkehr und überhaupt ihre Thätigkeit führt von selbst auf die Untersuchung über das Wesen und den Grund des Erkennens.

In der denkenden Seele des Menschen[2]) lassen sich zweierlei Vermögen unterscheiden, das praktische und theoretische (قوّة عاملة وقوّة عالمة). Jedes dieser beiden Vermögen erhält den Namen Vernunft (عقل). Daher spricht Ibn Sina bald von einer praktischen Vernunft (عقل عَمَلي), bald von einer theoretischen (عقل نظري), wie Kant. Es ist kein zufälliges Zusammentreffen der Namen, sondern zunächst die Folge der gleichen Abhängigkeit von Aristoteles, bei welchem bekanntlich eine ἐπιστήμη θεωρητική (de anima I. III. c. IV. §. 12. ed. Trend. p. 90), wie ein νοῦς θεωρητικός (de an. II. 3. §. 7. III. 10. §. 7. 8) und andererseits ein νοῦς πρακτικός (de anima III. 10 §. 7. 8) vorkommt. Von Aristoteles gieng diese Unterscheidung auf die Araber und dann auf die hebräischen Interpreten über, namentlich auf Serachjah. Dass auch in der Sache selbst eine Verwandtschaft stattfinde, wird aus dem folgenden von selbst erhellen, wenn man sich daran erinnern will, wie Kant der praktischen

---

1) Tom. III p. 117.
2) النفس الناطقة الإنسانية Cod. R. 81. f. 70 a.

Vernunft, das Gebiet des Willens und Begehrens zuwies; doch auch der Unterschied. Wer wird erwarten, dass der deutsche Philosoph die Grenzbestimmungen ängstlich geachtet habe, wodurch die mittelalterliche Spekulation der praktischen Vernunft ihre Mitwirksamkeit vorzeichnete? Hat doch in dieser mittelalterlichen Periode jeder von den bedeutendern Philosophen trotz der Uebereinstimmung im Sprachgebrauche immer wieder sein Eigenthümliches. Ibn Sina's nähere Bestimmungen der Funktionen und Stufen der beiden Vermögen ist im Wesentlichen — zunächst nach der Hauptstelle der grossen Encyklopädie — folgende.

In der praktischen Vernunft liegt das Princip zu verschiedenen Einwirkungen auf den Körper, zur Hervorbringung von Affekten, die Erregung und Leitung von Begierden gehört hieher und Aehnliches, was sich leicht von selbst versteht. Bemerkenswerth ist, dass von diesem praktischen Vermögen gesagt wird, es könne auch mit sich selbst in Verkehr treten, sich selbst zum Objekte seiner Einwirkung machen. Der genaue Ausdruck dieses Verhältnisses ist „Ihr (der praktischen Vernunft oder Kraft) kommt ein Verkehr in Beziehung auf sich selbst zu" [و(لها) اعتبار بالقياس الى نفسها], was die lateinische Uebersetzung giebt mit: „Et (habet) respectum in comparatione ipsius ad se."

Wie das zu verstehen sey, erklärt Ibn Sina selbst sogleich deutlich genug, indem er die Beziehung der praktischen Vernunft auf sich selbst, als einen Verkehr dieser mit der theoretischen Vernunft, bestimmt, zur Aufstellung moralischer Gesetze; wir würden diesen Verkehr das Gewissen nennen. واعتبارها الذى بحسب القياس الى نفسها هو القبيل الذى يتولد فيه بين العقل العملى والعقل النظرى الارا التى تتعلق بالاعمال ومستفيض ذايع مشهور مثل ان الكذب قبيح والظلم قبيح لا على سبيل التبرعن وما اشبه ذلك من المقدمات الحمدودة الانفصال عن الاوليات العقلية الخضة فى كتب المنطق وان كانت اذا برهن عليها صارت العقلية ايضا على ما عرف فى كتب المنطق

Die lateinische Uebersetzung: Respectus autem quem habet comparatione sui ad se, est modus qui generat in ea actionem et intellectum contemplantem. Et haec sunt intentiones quae pendent ex actionibus et divulgantur famose; sicut hoc quod mentiri turpe est et injuriari turpe est. Non quasi probata et quicquid simile est huic de proportionibus quarum differentia apse notis (abse n.) primis sen intelligibilibus diffinita est in libris loyicis quamvis comprobate fuerint lient etiam per se note; sicut jam didicisti in eisdem libris, hat besonders am Anfang der Stelle fehlgegriffen; es könnte scheinen, Ibn Sina wolle die theoretische Vernunft aus der praktischen entstehen lassen: est modus qui generat in ea actionem et intellectum contemplantem; es sollte etwa heissen: est modus quo generantur cum intra intellectum operativum tum intellectum speculativum intentiones etc. Es ist die Ansicht Avicenna's, dass die praktische Vernunft nur insofern zu Grundsätzen und Urtheilen vorgehen könne, als in ihr und mit ihr die theoretische Vernunft thätig sei. Man sieht nach einer solchen Zuhülfenahme der theoretischen Vernunft freilich nicht recht ein, wozu die Trennung der beiden Vermögen gut sei. Kant hat bekanntlich der praktischen Vernunft, insofern sie das Gute bestimmt, das Attribut „rein" gegeben, er schreibt der „reinen" praktischen Vernunft eine eigene Dialektik zu, vermittelst welcher sie nicht nur das Gute von seinem Gegentheil scheidet, sondern auch das absolut Gute bestimmt. Avicenna erklärt ausdrücklich, dass die ersten Grundsätze über gut und bös nicht auf dem Wege eines logischen Schlussverfahrens, sondern durch den Anschluss an den Gemeinsinn und an die Praxis ihre Stärke erhalten, aber auch als primitive Aeusserungen der Intelligenz angesehen werden können.

Die praktische Vernunft — so wird weiter bestimmt — ist kein passives, sondern ein aktives Vermögen, insofern von ihr die Bestimmungen der Sittlichkeit ausgehen. Allerdings lässt sich auf der andern Seite ein passives Moment an ihr nachweisen, insofern die vollstreckende, im engern Sinne praktische Kraft von der intelligenten Kraft, dem Bewusstsein des Gesetzes, geleitet wird. Der Eine Theil dieses Vermögens ist nach unten, gegen die Naturseite hin, der andere nach oben, gegen die Welt der Ideale, gerichtet. Buchstäblich drückt Avicenna dieses so aus: Die Seele hat demnach zwei Antlitze; ein Angesicht gegen den Körper hin .... und ein Antlitz gegen die hohen Principien (der Intelligenz) hin gewendet: وكان ‧ للنفس وجهين وجها الى البدن ... وجها الى المبادى العالية Cod. Rehm 81 f. 71. b. Ob diese

Bezeichnung der Sache zufällig, oder durch eine Reminiscenz mit der neuplatonischen Vorstellung von dem Doppelantlitz der Seele zusammenstimme, wage ich nicht zu entscheiden. Proklus nennt die Seele in seinem Commentar zum Timäus ἀμφιφαὴς καὶ ἀμφιπρόσωπος [1]), jedoch in einem andern Sinne, als Avicenna.

Das Antlitz nach unten ist diesem die praktische Vernunft, welche offenbar der theoretischen nicht vollkommen gleich gestellt wird, denn diese ist das nach oben gewendete Antlitz der Seele. Avicenna ist mit ähnlichen Bildern sparsam, er geht sogleich zur näheren Bestimmung des Wesens der theoretischen Vernunft über. „Was nun das theoretische (Vernunft-)Vermögen betrifft, so gehört zu seiner Eigenthümlichkeit diess, dass es durch die allgemeinen, von der Materie abstrahirten Formen (Ideen) ein Gepräge empfange; sind sie (diese Formen) schon an sich abstrakt, so ist es um so leichter, sie in ihrer eigenen Form (Idee) zu erfassen; ist das aber nicht der Fall, so bringt die abstrahirende Thätigkeit (تجريد) jener Kraft sie dahin, dass sie abstrakt werden und zwar so weit, bis nichts Materielles mehr darin übrig bleibt:

وامّا القوّة النظريّة فهى قوّة من شانها ان تنطبع بالتّصوّر الكلّية المجرّدة عن المادّة فان كانت مجرّدة بذاتها فاحدها (فأخذها) لصورتها فى نفسها اسهل وان لم تكن، فانها يصير مجرّدة تجريدها ايّاه (ايّاها) حتى لا يبقى فيها من علائق المادّة شىٌ [2])

Hiemit ist in wenigen Worten das Ziel der Thätigkeit des Erkenntnissvermögens ausgedrückt. Die denkende Kraft muss verschiedene Stadien durchlaufen, um zur höchsten Reinheit der Anschauung zu kommen. Avicenna unterscheidet vier Stufen, welche schon darum näher gekannt zu werden verdienen, weil sie in der von ihm bestimmten Weise in der muslimischen und zum Theil in der abendländischen Scholastik fast allgemein so wie er sie bestimmt hat, angenommen wurden. Auf der untersten Stufe ist die Vernunft intellectus materialis (um sogleich die in der lateinischen Scholastik gang und gäben Ausdrücke

---

1) Ed. Schneider 1847. p 425. Beide Bezeichnungen sind bei Proklus Citat.
2) Vgl. Schahrastani ed. Cureton p. 418, wo sich dieselbe fast wörtlich findet und Haarbrückers Uebers. S. 316.

anzuwenden) auf der zweiten intellectus in habitu, habitualis, auf der dritten intellectus in effectu, in actu; endlich auf der vierten und letzten intellectus accommodatus oder, wie gewöhnlich gesagt wird, intellectus adeptus. Lassen wir Avicenna selbst die Auseinandersetzung über die einzelnen Uebergangsstufen zusammenfassen, um die Originalbezeichnungen dafür zu erhalten. Er sagt: Wolle nun berücksichtigen und beschauen, wie diese Kräfte sich gegenseitig zu einander als herrschende und dienende verhalten. Da findest du die angeeignete Intelligenz (— intellectus acquisitus المستفاد, العقل) als Haupt, dem alles dient und welches das äusserste Ziel ist. Dann die in Wirksamkeit (بالفعل) tretende Intelligenz, welcher die habituelle (بالملكة) dient. Die materielle (العقل الهيولاني) Intelligenz dient sammt dem, was in ihr von Disposition sich findet, der habituellen; die praktische Vernunft aber (العقل العملي) dient all diesen insgesammt."

فاعتبر الآن وانظر الي حال هذه القوى كيف رؤس (رأس) بعضها بعضا وكيف يخدم بعضها بعضا فانك تجد العقل المستفاد رئيسًا ويخدمه الكل وهو الغاية القصوى ثم العقل بالفعل يخدمه العقل بالملكة والعقل الهيولاني بما فيه من الاستعداد يخدم العقل بالملكة ثم العقل العملي يخدم جميعَ هذهِ.[1]

Avicenna veranschaulicht die ersten Uebergänge des Erkenntniss-Vermögens durch das Beispiel vom Schreiben. Der noch ungeschulte Knabe hat die pure Fähigkeit zu schreiben, insoferne sie als reine Möglichkeit gedacht wird; diesem Stadium entspricht der intellectus materialis. Fängt der Knabe an, die Feder zu handhaben, die Buchstaben zu kennen und die Tinte anzuwenden, so ist es schon eigentliche potentia, oder potentia potentialis. Einer solchen Disposition entsprechen die Anfänge des eigentlichen Denkens. Der wirklich erlernten Schreibekunst entspricht intellectus habitualis u. sofort.

Zwischen dem intellectus materialis und in actu steht also die Stufe des intell. habitualis (العقل بالملكة). Ischarät f. 80. a.

---

[1] Es wird kaum nöthig sein zu bemerken, dass der intellectus operativus, den die lateinische Uebersetzung intell. officiens nennt, durchaus nicht mit dem intellectus agens (العقل الفعّال) verwechselt werden darf.

"Diese Stufe findet sich dann in der Seele, wenn die secundären, abgeleiteten Begriffe und Vorstellungen eintreten, welche man bei der Beschäftigung mit den Wissenschaften sich aneignet."

للمرتبة المتوسطة تسمّى عقلا بالملكة وعي ما يكون عند حصول المعقولات الثانية التي عن العلوم المكتسبة Ischârat. f. 79. b.

Bemerkenswerth ist es und gehört zu den Eigenthümlichkeiten der Theorie Avicenna's, dass hier eine Aeusserung des Geistes eingeschaltet wird, welche uns auf ein weiteres Erkenntnissmoment vorbereitet. Er nennt diese Aeusserung حَدْس hads, was eigentlich das Umherschweifen auf pfadlosem Gebiete bedeutet, aber auch (nach Form V.) mit חדש "neu", zusammenhängt. Das "Neue", was sich auf der Stufe des intellectus habitualis zeigt, oder vielmehr neben ihr her geht, besteht in der unregelmässigen Erwerbung eines Gedankens. واما الحدْس هو ظفر عن (المطالب؟) عند الالتفات الى المطالب بالحدود الوسطى f. 80. b.

"Das 'hads' ist jene Art der Bemeisterung einer Frage, wobei mit terminis medicis an Probleme wendet."

Damit stimmt folgende Unterscheidung des Commentars von "Gedanke" und "hads" überein. Ischârât f. 80: لعلك تشتهي الآن ان تعرف الفرق بين الفكرة والحدس فاسمع اما الفكرة فهي حركة ما للنفس فى المعاني مستعينة بالتخيل فى اكثى الامر يطلب بها الحد الاوسط ...... اما الحدس فهو ان يتمثل الحد الاوسط فى الذهن دفعةً اما عقيب طلب وشوق من غير حركة واما من غير اشتياق وحركة

"Vielleicht verlangst du nun den Unterschied von Gedanken und hads zu wissen. So höre: der Gedanke ist eine geistige Bewegung der Seele, welche von Scharfsicht unterstützt sich meistens damit beschäftigt, den terminus medius (historisches Erkenntnissmaterial) zu gewinnen. . . . .

Hads aber besteht darin, dass der terminus medius durch eine im Vorstellungsvermögen liegende Analogie auf einmal erschlossen wird, sei diess in Folge eines Nachforschens oder Verlangens, jedoch ohne Bewegung (ohne formelle Schlüsse oder Untersuchungen), sei es ohne Verlangen und Bewegung zugleich."

Demnach wird man nicht weit fehlen, wenn man unter das hads des Avicenna die Conjektur, den genialen Einfall setzt.

Dass Avicenna dieses Moment in die Erkenntnisslehre aufnahm, ist an und für sich ein Vorzug. Schade nur, dass er seine physikalischen Kenntnisse nicht dazu benützt, um die Bedeutung der Conjektur und Hypothese zur Erkenntniss des Wirklichen zu veranschaulichen.

Ihm ist hads (Conjektur) als Erkenntniss-weise zunächst dazu nöthig, um für eine höhere Erkenntnissart, welche für die Religionsphilosophie wichtig ist, eine rationelle Grundlage zu haben.[1]

Ueberblicken wir indess zunächst die weiteren Stufen der Erkenntniss. Ueber dem habituellen — oder besser: zum Eigenthum gewordenen — Wissen steht das thatsächliche, aktive Erkennen (العقل بالفعل), wie über diesem das erworbene, geförderte Wissen (العقل المستفاد). وهذا يدل ان العقل بين العقل الهيولاني والعقل بالفعل متوسط بالملكة Ischârât f. 83. a. Hieraus ergiebt sich, dass intellectus habitualis das Mittelglied bildet zwischen dem intellectus materialis und intellectus actualis.

Die Bezeichnung intellectus acquisitus (bei den hebräischen Autoren הַשֵֹכֶל הַנִקְנֶה) könnte leicht irre führen, indem man sich darunter empirisches Wissen, das durch den Verstand geordnet und dem Gedächtnisse eingeprägt ist, denken möchte.

Es ist vielmehr die höchste Entwicklung des Vernunftvermögens, in welcher die empirischen Einzelkenntnisse gegenüber der universell wirkenden Erkenntnisskraft in den Hintergrund treten. Die Bezeichnung ist nicht aristotelisch; wie denn auch für den intellektuellen Vorgang, welcher dabei vorausgesetzt wird, bei Aristoteles kaum eine Spur zu finden ist.

Es ist der νοῦς ἐπίκτητος des Alexander von Aphrodisias, bei welchem wir denn auch den νοῦς ὑλικός intellectus materialis und νοῦς καθ' ἕξιν finden.[2]

War hiemit einmal die neuplatonische Vorstellung von dem letzten Ziele der Vernunfterkenntniss aufgenommen, so lag es nahe, im Interesse

---

1) Vgl. Schahrastani I. c. Haarbrücker S. 317.
2) Vgl. Zeller, die Philosophie der Griechen dritter Th., 1. Abth. 1. Hälfte. Zweite Aufl. 1865 S 712.

der Religionsphilosophie das Moment der „heiligen Kraft" القوة القدسية Ischârât f. 83. a. mit aufzunehmen.
Durch sie vermag Avicenna die Prophetie zu rechtfertigen.

Uebrigens bleibt bei ihm die Stufenleiter der Entwicklung der theoretischen Vernunft diese: I. intellectus materialis العقل الهيولاني $\nu o\tilde{v}\varsigma$ ὑλικός. II. intellectus habitualis العقل بالملكة $\nu o\tilde{v}\varsigma\ \varkappa\alpha\vartheta'\ \xi\iota\nu$; III. intellectus actualis العقل بالفعل und IV. intellectus accommodatus s. acquisitus العقل المستفاد $\nu o\tilde{v}\varsigma\ \ell\pi\ell\varkappa\tau\eta\tau o\varsigma$.

Dass diese Bezeichnungen möglicher Weise missverstanden werden können, liegt auf der Hand; um so mehr, da ein rein aristotelischer Ausdruck, intellectus in actu, mit den Bezeichnungen der modernen platonisirenden Ausleger zusammengestellt ist.

Avicenna reducirt daher den Ausdruck intellectus materialis auf potentialis. Um zugleich die Wahl des späteren Ausdruckes „materialis" zu rechtfertigen, bemerkt er, dass der Begriff potentia drei Stufen habe: Möglichkeit schlechthin, potentia materialis; angeregte Möglichkeit, potentia potentialis, und entwickelte Möglichkeit. والقوة الاولى تسمى مطلقة وهيولانية والقوة الثانية تسمى ممكنة والقوة الثالثة تسمى كمال القوة
Cod. Rehm. f. 72. b.

Wir erinnern hier, dass Albertus theilweise im unmittelbaren Anschlusse an Aristoteles sich mit der Bezeichnung intellectus in potentia begnügt hat, um die verschiedenen Stufen auszudrücken, für welche Avicenna drei Kunstausdrücke braucht; im Ganzen handhabt er jedoch den Sprachgebrauch des Avicenna.

Avicenna bemerkt, intellectus habitualis (بالملكة) könnte insofern actualis heissen, als bei ihm die in der vorausgehenden Stufe liegende Möglichkeit bereits zur Verwirklichung komme. (هذه القوة) تسمى عقلاً بالملكة ويجوز ان تسمى عقلا بالفعل بالقياس الى الاولى ليس لها ان تعقل شيا بالفعل واما هذد فان لها ان تعقل اذا حدث بحث بالفعل وتارة تكون تشبه ما بالقوة الكمالية وهو ان يكون قد حصل فيها ايضا الصورة المعقولة المكتسبة بعد المعقولة الاولية الا انها ليس تطالعها ورجع (رجعت ل.) اليها بالفعل بل كانيا عندها كخزرنة فمتى شآءت طالعت تلك الصورة بالفعل فعقلتها وعقلت انها قد

عقلتها وتسمّى عقلا بالفعل لانه عقلٌ يعقل متى شآء ولا بتكلف اكتساب وإن كان
يجوز ان يسمّى عقلا بالقوة بالقياس الى ما بعدد وتارةً تكون النسبة تشبه ما
بالفعل المطلق وهو ان تكون الصورة المعقولة حاضرة فيه وهو يطالعها بالفعل
فيعقلها ويعقل ان يعقلها بالفعل فيكون ما حصل له حينئذ عقلا مستفادًا
لانه سيضح لنا ان العقل بالقوة انما يخرج الى الفعل بسبب عقل هو دائمًا بالفعل
وانه اذا اتصل العقل بالقوة ذلك العقل الذي بالفعل نوعًا من الاتصال انطبع فيه
نوع من الصور يكون مستفاد (مستفادًا .1) من خارج فهذه ايضًا مراتب القوى
التي تسمّى عقلاً نظريّاً . عند العقل المستفاد يتم الجنس الحيواني والنوع الانساني
منه وهناك تكون القوة الانسانية قد تشبّهت بالمبادى الاوّلية للوجود كلّه

„(Diese Kraft) wird habituelle Vernunft genannt, man könnte sie
auch bereits aktive Vernunft nennen im Vergleiche mit der erstern
(intellectus materialis), der es nicht zukommt eine Sache in Wirklichkeit zu erkennen; dieser aber kommt es allerdings zu, in Wirklichkeit
zu erkennen, wenn eine Untersuchung stattfindet.

Andrerseits gleicht (diese Stufe der Vernunft) dem vollkommenen
potentiellen Vermögen, das will sagen, dass auch in dieser Art von Vernunft, sich die erworbene Idee, oder der Begriff im Anschlusse an die
Grundvorstellung vorfindet, jedoch ohne dessen sich selbst bewusst zu
sein und ohne in Wirklichkeit an diese Idee sich zu halten. welche in
ihr (der Vernunft in diesem Stadium) gleichsam wie in einer Schatz-
kammer deponirt ist.

Wenn sie aber will, so nimmt sie diese Idee in Wirklichkeit wahr
und versteht sie und weiss es auch, dass sie dieselbe versteht. Dann
wird sie aktuelle Vernunft (intellectus actualis) genannt, denn sie ist
(dann) eine Intelligenz, welche erkennt, wenn sie will und nicht bloss
in Folge des mühsam errungenen (Erfahrungswissens). Man kann sie
freilich auch potentielle Vernunft nennen im Vergleiche mit dem (Stadium), was auf sie folgt.

Andrerseits tritt eine solche Beziehung hervor, dass sie der absoluten Aktualität gleicht. Das findet dann statt, wenn der vernünftige

Begriff in der Vernunft präsent ist und sie in Wirklichkeit ihn erfasst und geistig durchdringt und sich dessen bewusst ist dass sie ihn in Wirklichkeit durchdringt.

Das, was dann in ihr vorgeht, bezeichnet das Stadium der gereiften Vernunft (intellectus acquisitus).

Denn es wird von uns erklärt werden, dass die potentielle Vernunft einzig vermöge der immerdar activen Vernunft zur Wirklichkeit übergeht.

So oft die potentielle Vernunft sich in irgend einer Weise mit dieser aktiven Vernunft in Verbindung setzt, prägt sich irgend eine Gattung von Begriffen oder Ideen in dieselbe ein und sie wird — zunächst — äusserlich zur geförderten Vernunft (zum intellectus acquisitus).

Diese Stufen nun zusammengenommen heissen theoretische Vernunft (عقل نظري).

Bei der geförderten Vernunft (intellectus acquisitus) findet die Gattung der mit Leib und Seele begabten Wesen und das Menschengeschlecht seine Vollendung; darüber hinaus sehnt (oder: assimilirt sich mit: تشبّه) sich das menschliche Vermögen nach den ersten Principien aller Existenz." (Cod. R. f. 73.)

Wie man sieht, gleicht Avicenna die reichere, complicirtere Bezeichnung der Entwicklungsstufen gelegentlich mit der älteren, rein aristotelischen Auffassung aus, wonach bloss zwei Stadien: intellectus in potentia und in actu unterschieden werden.

Indessen herrscht bei ihm die neuere Unterscheidung von intellectus habitualis, actualis und acquisitus vor.

Die nämliche Unterscheidung ist auch bis auf die spätesten Scholastiker des Orients geblieben. Averroes, welcher in seinem Compendium der aristotelischen Philosophie [1]) Avicenna in Beziehung auf die Erkenntnisslehre theilweise bekämpft, fasst den intellectus acquisitus und actualis zusammen und zählt statt vier nur drei Stufen auf הם מצאו ארסטו יניח

---

[1]) So können wir ein hebräisch erhaltenes Werk nennen, welches nach der Reihenfolge der aristotelischen Bücher die ganze Philosophie behandelt. Es findet sich in der vortrefflichen Pergamenthandschrift Nr 281 Cod. hebr. Monac.

בכאן שלשה מינים מן השכלים אחד מהם שכל היולאני והשני בקנין והיא שלמית זה התהילאני
והשלישי המוציא איתו מן הכח אל הפעל ההיא השכל הפעל.[1])
„Sie (nämlich die Commentatoren Themistius und Alexander und ihre Nachfolger) fanden, dass hier Aristoteles drei Arten von Vernunft aufstelle; die erste wäre intellectus materialis, die zweite intellectus habitualis, als Vervollkommnung der erstern; die dritte, welche die erstere von der Potenz zur Wirklichkeit bringt, int. actualis."
Die vierte Stufe wird von andern nicht vergessen.

Allerdings erscheinen diese Stufen der Vernunftentwicklung mitunter in einer andern Ordnung; so namentlich in der von Hrn. Krehl herausgegebenen Abhandlung von 'Omar ben Soleiman.[2]) 'Omar beruft sich im Abschnitte: „Ueber die Erkenntniss der menschlichen Seele" ausdrücklich auf Ibn Sina (S. 12 Text, S. 13 Uebers.). In der hieher gehörigen Hauptstelle sagt er: „Sobald die menschliche Seele Begriffe versteht, heisst man sie materielle Intelligenz ‎[عقل هيولاني]‎[3]); sobald sie universelle Begriffe erkennt, heisst man sie geförderte Vernunft (عقل مستفاد). Sobald sie die in ihr liegenden Ideen erkennt, nennt man sie habituelle Vernunft (عقل ملكة, was offenbar identisch ist mit dem gewöhnlichen عقل بالملكة) .... Ferner hat jede menschliche Seele zwei Seiten (جهة, die zwei Antlitze bei Ibn Sina): die eine Seite ist gegen die wirksame Intelligenz (عقل فعال) hin gekehrt, welche man theoretische Vernunft nennt (عقل نظري), und welche immerdar Erkenntniss erwirbt; die andere Seite ist gegen den Leib gekehrt; man nennt sie praktische Vernunft (عقل عملي); sie ist nach dieser Seite hin immerdar zum Handeln vermögend."

Die gleiche, oder doch eine ganz ähnliche Terminologie finden wir bei den hebräischen Schriftstellern des XIII. Jahrhunderts und der fol-

---

1) Cod. Mon. hebr. 261. f. 236.
2) Omar lebte nach Krehl S. 64 nach dem Jahre 1534.
3) H. Krehl liest عقل حيواني „thierische Vernunft" mit der Bemerkung, dass sich dieser terminus in Kitâb el tarifât nicht finde. S 79. Wir bezweifeln, ob bei irgend einem Araber sich dieser Ausdruck: „thierische Intelligenz" finde. Von einer thierischen Seele (نفس) wird desto öfter gesprochen.

genden Zeit. So redet Chisdai Kreskas (Or adonai, Wien 1859) von einem intellectus materialis (השכל הנקנה) und int. aquisitus (השכל הנקנה) f. 52. b. 53 a.) Abraham Ha-Levi setzt diese Ausdrücke als bekannt voraus und gebraucht sie.[1]

Vorzüglich bemerkenswerth ist die Art, wie der Verfasser des Werkes ruach chen[2] — Serachjah ha levi Anatoli[3]) — sich über die Stufen der Vernunftentwicklung ausspricht; man kann das von ihm Gesagte als normale Erklärung der Schule Avicenna's betrachten.

„Die Vernunft (שכל) des Menschen theilt sich in die praktische (שכל מעשי) und in die theoretische Vernunft (שכל עיוני).* Vermöge der praktischen Vernunft wählt der Mensch zwischen gut und bös. Man kann sie Wissen (דעת), oder Weisheit (חכמה) nennen.

Vermöge der theoretischen Vernunft giebt der Mensch der Wahrheit vor dem Irrthum den Vorzug."

Die praktische Vernunft habe wieder zwei Arten: vermöge der Einen Art erfasse der Mensch die zu gewissen Geschäften nöthigen Regeln und Geschicklichkeiten, z. B. die Kunstfertigkeit des Zimmermanns (נגר), Matrosen (מלח) oder Ackermanns. Die andere Art beziehe sich auf das moralisch Gute, z. B. Pietät gegen die Eltern; oder andererseits auf die Vermeidung des Bösen.

Nicht Wahres und Falsches, sondern das Gute und Böse sei ihr Gegenstand. Beide Arten zusammengenommen gehören zur leiblichen Ordnung (תקון הגוף); die zweite Art sei edler; die erste aber der Zeit und Natur nach voran.

Die theoretische Vernunft hat vier Stufen. Auf der ersten erkennt sie die Principien, die keines Beweises bedürfen, z. B. dass der Theil kleiner sei, als das Ganze.

---

1) Vgl. „die Religions-Philosophie des R. Abraham ben David ha-Levi." Von Jos Gugenheimer. Augsburg 1850. S. 30 f. Auch II Rosenstein bringt in seiner dissertatio inaugaralis über Alfarabi's Schrift de intellectu einiges bei, was hieher Bezug hat. Breslau 1858.
2) Handschriftlich in der K. Staatsbibliothek München Cod. hebr. 210 f. 109—126.
3) Mit dem Uebersetzer philosophischer Schriften Serachjah ha levi aus Barcelona nicht zu verwechseln.

Auf der zweiten Stufe werden Beweise angewendet, um z. B. das System der Gestirne zu beurtheilen ¹).

Auf der dritten Stufe herrscht der abstracte Begriff.

Auf der vierten Stufe erfasst die Vernunft die abstrakten Ideen im Grunde ihres Wesens, d. h. die Vernunft macht sich selbst zum Gegenstande ihres Wissens. ²)

Es kann aber der menschliche Geist keine von diesen Ideen für sich erfassen, sondern das ist die Sache der activen Intelligenz (השכל הפועל) welche unter den unkörperlichen Intelligenzen die letzte (und höchste) ist. Diese Intelligenz bringt den Geist des Menschen von der Potenz zum Akte.

Ebenso bringt das Sonnenlicht die Sehekraft von der Potenz zur wirklichen Thätigkeit.

Dieselbe Vergleichung, wie bei Avicenna.

Natürlich weichen diejenigen Schriftsteller in der Terminologie ab, welche sich von der gewöhnlichen peripatetischen Theorie entfernen, wie Palkira.

Von den jüdischen Schriftstellern gieng der peripatetische Sprachgebrauch theilweise auf die ersten Scholastiker über, obwohl diese auch ohne Vermittlung hebräischer Interpreten mit Arabern und Griechen verkehrten.

II.

Auch Albertus und er vor allen hat sich die technischen Ausdrücke seiner arabischen Lehrer angeeignet. Er kennt den Unterschied der praktischen (intellectus operativus) und theoretischen Vernunft (intellectus

---

1) שכל הנקנה entspricht dem عقل بالملكة, obwohl in andern hebr. Schriftstücken נקנה die Uebersetzung von مستفاد ist.

2) המדרגה הרביעית היא השגת הצירות הנפרדית בעקר מציאותם

speculativus¹) oder contemplativus). Er kennt den intell. materialis, habitualis, in actu, wie den intell. adeptus.

Doch bindet er sich nicht genau an die von den Arabern gezogenen Schranken; er wendet die genannten Bezeichnungen nicht selten in einer neuen Bedeutung an und vermehrt die Zahl der vorhandenen termini durch neue.

So abhängig er in den meisten Fragen von den Arabern ist, so geht er doch, und zwar gerade in den wichtigsten Punkten, seinen eigenen Weg; doch verbirgt er sich auch dann noch hinter eklektisch zusammengestellten Authoritäten.

Seine eigene Theorie gleicht einem Bächlein, das sich zögernd durch die gekrümmten Ufer fremder Meinungen durchwindet. Im Commentar zu den Büchern des Aristoteles über die Seele und zur Metaphysik hören wir ihn mit Sorgfalt die peripatetische Ansicht vertreten und am Schlusse doch erklären, er habe hier nur vom Standpunkte eines Aristotelikers gesprochen, ohne seine eigene Meinung ganz sagen zu wollen. Es könnte scheinen, dass er hiebei doppelte Buchhaltung führe; wenn wir indess ihm geduldig nachgehen, so finden wir bei ihm doch eine harmonische Anschauung deutlich ausgesprochen.

1. Es ist seine Gewohnheit, der Erklärung aristot. Schriften zusammenhängende Untersuchungen einzufügen; so ist es auch im Commentar zu den Büchern über die Seele, zu welchem wir uns zunächst wenden.

Zu den wichtigsten dieser Untersuchungen, welche gelegentlich an die Erläuterung des Textes angeschlossen werden, gehört die über die Bildung der abstrakten Begriffe. Es wird hiebei zunächst ausgegangen von der Stelle im dritten Buche von der Seele (c. VII. §. 7 seq. Trendelenburg p. 96.) οὕτω τὰ μαθηματικὰ οὐ κεχωρισμένα ὡς κεχωρισμένα νοεῖ, ὅταν νοῇ ἐκεῖνα. ὅλως δὲ ὁ νοῦς ἐστιν ὁ κατ' ἐνέργειαν τὰ πράγματα νοῶν. ἆρα δ' ἐνδέχεται τῶν κεχωρισμένων τι νοεῖν ὄντα αὐτὸν μὴ κεχωρισμένον μεγέθους, ἢ οὔ, σκεπτέον ὕστερον. Die alte Uebersetzung giebt diese Stelle so: Sed intentiones mathematicae non sunt singularia hoc

---

¹) Int. speculativus wird im Verlaufe der Entwicklung der Noëtik von einer sehr geförderten Ausbildung des int. contemplativus angewendet.

modo: et sicut res abstracta intelligitur, intelligit istas res. Omnino autem intellectus, qui secundum actum intelligit res ipsae est. Utrum autem contingat aliquid separatorum intelligere ipsum existentem non separatum a magnitudine an non consyderandum est posterius. (Venetianerausg. mit dem Comment. des Averroes t. VI. f. 174 s.) Man sieht, wie hier durch eine etwas gewaltsame Construktion die Identität des Erkennens mit dem Sein, oder vielmehr des erkennenden Geistes mit dem erkannten Sein der Dinge aus Aristoteles herausgelesen wird. Die in derselben Ausgabe beigefügte Uebersetzung von Mantinus vermeidet diesen Gedanken, indem sie die Stelle so giebt: Intellectus autem est omnino, qui actu res intellegit. Jener Gedanke von der Identität der Intelligenz mit dem Sein wird von Aristoteles im weitern Verlaufe allerdings ausgesprochen, hier aber würde er den Zusammenhang stören.

Albertus versteht den Anfang der Stelle richtig[1]) und erläutert, wie die mathematischen Begriffe nur scheinbar abstrakte seien, genauer betrachtet beruhen sie immer auf sinnlichen Wahrnehmungen.

Diese Erwägung dient dazu, den Unterschied des unvollendeten und wirklichen Erkennens und die Eigenschaft des in Wirklichkeit erkennenden Geistes näher zu bestimmen.

(Nach der Auffassung des Aristoteles) sei das die Dinge in Wirklichkeit erkennende Wesen die absolute Intelligenz, die stets wirksam sei und nicht bloss alles Erkennbare in sich trage, sondern auch alles erkennbar mache und, insofern es Intelligenz ist, nichts von diesen erkennbaren Dingen ausser sich suche. Diese absolute Intelligenz wird von derjenigen unterschieden, welche in uns die Fähigkeit hat, Begriffe zu bilden. Es fragt sich nun, ob die in uns wirksame Intelligenz in

---

1) Albertus kannte ausser einer Uebersetzung, zunächst der Bücher von der Seele, aus dem Arabischen eine andere aus dem Griechischen, welcher er im Ganzen den Vorzug giebt. De anima l. I. tr. I. c. IV. Ed. Lugdun. 1651. t. III p. 5 sagt er: Et hoc exponit Averroes sicut hic dictum est. Graeca autem translatio discordat ab hac; et ut puto est mendosa... Sed quia in multis invenimus Graecas emendatiores quam arabicas translationes, ideo etc. Er kann natürlich unter translatio graeca nur eine Uebersetzung aus dem Griechischen verstehen; demnach wird auch seine translatio arabica eine Uebersetzung aus dem Arabischen sein.

der Bildung von Begriffen immer abhängig sei von der Natur, von der concreten Wirklichkeit, die sich in Raum und Zeit darstellt — von der Grösse μέγεθος — oder, ob sie es vermöge, unabhängig von dieser sichtbaren Wirklichkeit abstrakte Ideen zu bilden? Das sei der wichtige Fragepunkt, den Aristoteles später zu behandeln versprochen, ohne sein Versprechen zu lösen. Et Aristoteles promittit se de ista questione considerationem habere posterius, et nos non invenimus cum considerasse de his in aliqua parte libri sui de anima nisi forte hoc exciderit a libris suis qui ad nos nondum pervenerunt.[1]

Auch Neuere, wie Trendelenburg, haben anerkannt, dass sich bei Aristoteles die versprochene Untersuchung dieser Frage nicht finde.

Die Lücke, welche hier bei Aristoteles sich zeigt, wurde durch verschiedene Versuche der Commentatoren, von Alexander bis Averroes ausgefüllt. Es lag nahe, dass an die zunächst vorliegende Frage sich umfassende Untersuchungen über den Ausgang, die Mittel und den Process des abstrakten Denkens sich anschlossen. So findet sich hier im Commentar des Averrroes, den Albertus vor sich hatte, eine förmliche Abhandlung über die Genesis des Erkennens.

Albertus nimmt das von Averroes Gebotene auf, ohne dabei stehen zu bleiben.

Nach einer Kritik der früheren Ansichten, spricht er seine eigene aus.

Zunächst wird Alexander von Aphrodisias abgehört: quia inter Peripateticos qui persecuti (wohl prosecuti) sunt Aristotelem praecipuus ut multi dixerunt fuit Alexander; referamus igitur primo qualiter ipse istam quaestionem determinavit. Nach ihm nun wäre der Verstand, oder die im einzelnen Individuum als empfangendes Erkenntnissprincip wirkende Kraft (intellectus possibilis) ebenso gut den Veränderungen des Werdens und Vergehens unterworfen, wie der Leib selbst. Diese Kraft sei nichts Wesenhaftes, vom Körper verschiedenes, sondern nur eine Stimmung und Spannung, wodurch so zu sagen die Tafel geglättet werde, auf welche die Vorstellungen und Gedanken aufgetragen werden könnten. Es komme dieser Kraft nicht der Charakter des Substantiellen

---

[1] Erwartete Albertus die Zusendung der Werke des Aristoteles getrennt vom Commentar des Averroes?

zu, so dass man sie vom Körper wesentlich unterscheiden dürfte, sondern nur die Bedeutung einer Empfänglichkeit, einer Stimmung und Bereithaltung. Dieser mit einer geglätteten Tafel vergleichbaren Stimmung (aptitudo) trage nun die wirksame Intelligenz Begriffe und Ideen (formas) ein, um so den Anfang des Erkenntnissprocesses zu machen.

Nach Alexander sei diese wirksame Intelligenz (intellectus agens) ein immaterieller Geist, der von der Seele wohl unterschieden werden müsse und welcher bei jenem Processe, wodurch die Seele von der Möglichkeit des Denkens zur Wirklichkeit vorwärtsgeführt wird, sich mit dem individuellen Erkenntnissvermögen (dem intellectus possibilis) lediglich als bewirkende Ursache in Verkehr setzt (also nicht inhärent und immanent wird) und auf solche Weise die theoretische Vernunft (intellectum speculativum) hervortreten lässt. Obwohl auch diese vergänglich ist, so bildet sie doch für die absolute Vernunft ein Substrat der innigsten Verbindung.

Zwar erhebt sich das individuelle Erkenntnissvermögen (der intellectus possibilis) nie zur unmittelbaren Erkenntniss der absoluten Vernunft, wenn diese aber mit der theoretischen Vernunft sich vereinigt hat, erkennt der Mensch durch sie das Absolute. (Unnc quidem sc. intellectum agentem, nunquam intelligit intellectus possibilis, sed cum post omnia intellecta conjungitur nobis ut forma, tunc nos per ipsum intelligimus omnia alia separata et habemus scientiam ipsorum p. 161.)

Die Theorie Alexanders wurde für die ganze Zeit der arabischen Scholastik massgebend; — nicht als wenn sie unmittelbar und ganz angenommen worden wäre, aber doch insofern, als die Eigenthümlichkeit der uns bekannten Araber bei Behandlung dieser Frage sich durch den Grad der Benützung, Modificirung oder Bekämpfung der Ansicht des Aphrodisiers unterscheidet. Alle bewegen sich in aristotelischen Formen und gehen, ohne ein neues Princip in die Noëtik einzuführen von dem aristotelischen Gegensatze der potenziellen und aktuellen Intelligenz aus; nur Ibn Gabirol gieng einen ganz eigenen Weg und führte, obwohl grossentheils die aristotelischen Formen beibehaltend, ein neues Princip, nämlich das des Willens in die Erkenntnisstheorie ein. Merkwürdiger Weise hat Albertus die originelle und selbstständige Richtung dieses

Schopenhauers der spanischen Scholastik erkannt¹), allein bei der Erkenntnisstheorie nur einen Punkt seiner Lehre besprochen²), über welchen sich auch andere Scholastiker ähnlich äusserten.

Albertus konnte den Grundgedanken Ibn Gabirols im Interesse seiner eigenen Richtung sehr wohl verwerthen, welche zunächst darauf ausgieng, das Denken und Wissen, mit allen wesentlichen Grundbedingungen hiezu, als ein immanentes Eigenthum der geistigen Persönlichkeit des Menschen zu sichern. Wirklich sehen wir, wie er in einer Hauptstelle den Willen mitberücksichtigt, ohne jedoch Avicebron anzuführen³); während er ihn bei einer weniger bedeutenden Uebereinstimmung nennt.⁴)

Es gilt ihm vor Allem, diejenige Auffassung von intellectus possibilis auf der einen und int. agens auf der andern Seite festzustellen, welche sowohl mit den Grundsätzen der peripat. Schule, als mit der Sicherung der menschlichen Persönlichkeit im Einklange stünde.

Die Auffassung von Theophrastos und Themistius, wonach der im menschlichen Geiste liegenden Denkkraft gegenüber die absolute Vernunft eine gewisse Selbstständigkeit hätte, vermeide einen Hauptirrthum von Alexander. Albert findet, dass diese beiden im Wesentlichen Recht haben, aber darin sei ihre Theorie unvollkommen, dass sie nicht zu erklären vermöchten, wie denn zwischen dem von ihnen so hoch gestellten intell. possibilis und dem intell. agens jener Verkehr entstehe, dessen Frucht das Wissen und Erkennen sei. Cum autem ponunt, intellectum esse virtutem separatam, tunc ratio eorum est probabilis. Sed ipsi causam assignare non possunt, quia (quare) intellectus agens quandoque agit in nobis et quandoque non agit, cum secundum eos continuetur nobis. Adhuc autem secundum istos non est in nobis aliquid recipiens intellectum

---

1) Ab omnibus superius inductis dissentit Avicebron in libro quem fontem vitae appellavit. De anima t. III, p. 140. b.
2) Intendit dicere Avicebron quod potentia intellectus possibilis communis est sicut et materiae et ideo separata est a determinatione formarum quas potentia et non actu habet. Das. p. 141 a.
3) Quaedam autem speculata fiunt in nobis per voluntatem. Anima p. 166 b.
4) Et consentio Avicebron in hoc quod sua potentia per formam intellectualis naturae terminatur ad ens unum in mundo. ib. p. 144'b.

et sic intellectus et intelligere non fit unum, quod est contra positiones sapientum. De anima p. 163 a.

An Ibn Bag'ah (Avempace) findet Albert insofern eine Uebereinstimmung mit Alexander, als nach ihm der intellectus materialis nicht wesentlich von den Kräften des Leibes verschieden sei; er verlege den Sitz dieses Vermögens in die Phantasie.

Darüber setze er im Einklange mit Alpharabius und Albubachel (d. h. Abu Bakar Râzi) die Vernunft, welche endlich, aber rein geistig sei (corruptibilis aber separatus) und in ihrem geistigen Vermögen die Begriffe gestalte (intellectus agens est natura hominis et est separatus; et ideo quando per intelligibilia perficeret operationem suam, quae est creare et facere intellectus speculationis et tunc quasi liberatus intelligit per se ipsum ea quae sunt separata.) Avempace nehme einen Dualismus von coordinirten Fähigkeiten an, wovon die eine mit dem Gebiete der concreten, die andere mit jenem der abstrakten Dinge verkehre. Hiegegen wird unter anderm eingewendet: Adhuc relinquitur quaestio secundum istos, quare de separatis secundum se non sunt scientiae speculative sicut sunt de conjunctis? —

Nach einer längern Erörterung über Avempace wendet sich Albertus zu Avicenna und Algazel (Algazâli). Beide drücken das Vermögen des int. possibilis zu tief herab und geben dem int. possibilis doch eine Bedeutung, bei welcher man nicht begreifen könne, dass nicht überall, wo diese letztere Kraft thätig ist, fertiges und absolutes Wissen sich finde.

Der Gegensatz, in welchen Albert zu diesen Lehrern und namentlich Avicenna in der Bestimmung der Grundkräfte des Wissens tritt, hindert ihn nicht, bei der Auseinandersetzung über den Process, welcher das Erkennen vermittelt, gerade diesem letztern öfter zu folgen.

Im Ganzen erklärt jedoch Albertus, der Theorie von Averroes folgen zu müssen, wenn es gilt, die wahre Ursache der Verbindung der thätigen Vernunft mit dem verständigen Vermögen, also den innern Process des Erkennens zu erklären.

Das ist um so auffallender, da Albertus in zwei Hauptfragen als Gegner des Averroes auftritt, indem er sowohl die numerische Einheit des intell. materialis und agens für alle Menschen, als die Verlegung des letztern ausserhalb des Menschen gegenüber von Averroes zu bekämpfen hatte.

Nos autem dissentimus in paucis ab Averroe, qui inducit quaestionem (de vera causa et de modo conjunctionis intellectus agentis nobiscum). Averroes fordere für die Vereinigung des int. ag. mit int. poss. eine Ursache. Dabei habe er vollkommen Recht. Nos autem in dictis istis nihil mutamus nisi hoc quod etiam Aristoteles mutasse videtur. Nach Aristoteles dürfe die thätige Vernunft nicht ausserhalb der menschlichen Seele gesucht (und nicht zu einer Weltvernunft gemacht werden). Nec de hoc dubitamus quin intellectus agens sit pars et potentia animae. De anima (t. III. p. 166.)

Weiterhin wird die Erklärung Alfarabi's (aus dem Commentar zu den Büchern über die Seele und zur Nikom. Ethik) adoptirt, um den Process des Abstrahirens und des Begreifens der Abstrakta zu erläutern, dann wieder auf Averroes, theilweise auf Ibn Badscha und Alfarabi, und endlich auf Eustratios und Michael von Ephesus compromittirt, um folgendes Ergebniss zu erhalten: Colligitur autem ex his, quod intellectus agens tribus modis conjungitur nobis, licet in se et secundum essentiam suam sit separatus: a natura enim conjungitur ut potentia et virtus quaedam animae, sed faciendo intellecta speculata conjungitur ut efficiens: et ex his duabus conjunctionibus non est homo perfectus ut operetur opus divinum: tandem conjungitur ut forma, et causa conjunctionis ejus est intellectus speculativus. (De anima, t. III. p. 167. a.)

Im Commentar zu den Büchern de anima herrscht das Bestreben vor, die Ansichten der frühern möglichst vollständig vorzuführen und durch anerkennende und berichtigende Bemerkungen der eigenen Ansicht Bahn zu brechen. Diese ist jedoch hier nicht so deutlich ausgesprochen, wie man bei solcher Ausführlichkeit der Erörterung erwarten möchte.

2. Deutlicher, als im Commentar zur arist. Psychologie spricht sich Albertus im Commentar zur Metaphysik aus, welche er vollständig, aber theilweise in einer höchst unvollkommenen Uebersetzung[1]), vor sich

---

[1) Am Ende des XIII. B. (Dieses ist gleich dem N, oder I. XIV der neueren Ausgaben) kommt folgendes Missverständniss vor. Hoc autem ita posuimus ad ostendendum, quod inconvenienter ponunt causas qui numeros dicunt esse causas entium: sed tamen hic nondum

hatte. Bei der Gelegenheit, wo Aristoteles über die Ideen Plato's als Mittel zur ursächlichen Erklärung der wirklichen Dinge spricht, äussert sich Albertus im Wesentlichen so: (t. III p. 357 seq. Liber Metaph. XI. tract. 1. cap. IX. Vgl. den Text ed. Brandis p. 242.) „Wir nehmen an, dass die thätige Vernunft (intell. agens) ein Theil der Seele und die Form der menschlichen Seele sei. . . . Den Verstand (int. possibilis) halten wir nicht für eine leibliche Stimmung, wie Alexander gelogen hat, und zwar darum, weil er weder die Form der Harmonie des Leibes, noch irgend etwas, was aus einer solchen Harmonie hervorgeht, ist, sondern wir halten ihn für die Stätte der Vernunftbegriffe (locum specierum intelligibilium), gleichwie ein Durchsichtiges (Glas oder Krystall) eine Stätte der Farben ist, welche in demselben vermöge des geistigen Wesens, das ihnen vom Lichte verliehen wird, sich zeigen. Es verhalten sich also die thätige Vernunft und der Verstand zu einander, wie eine wesenhaft wirkende Potenz einerseits und wie andrerseits eine solche Materie (ein Gegenständliches), welche gegenüber den erkennbaren Objekten sich nicht ganz als Materie sondern vielmehr als Stätte derselben verhält, während sie gegenüber der wirkenden Potenz wirklich Materie (Gegenständliches) ist; ganz wie der Krystall sich zwar den Farben gegenüber als Stätte (als Gefäss), dem Lichte gegenüber aber als Materie (als Gegenstand) verhält."

Formelles Vernunfterkennen (intellectus formalis) ist das einerseits mit dem Verstande, andrerseits mit den Erkenntnissobjekten in Folge der Thätigkeit der wirksamen (Vernunft-) Potenz sich verbindende

---

possumus eos, qui de talibus secundam poëticas fabulas inconvenienter dixerunt, sicut est Gymiles, et alii quidam ex Homericis poëtis etc. Dieser Gymiles entstand aus Similes, was die Uebersetzung für ὅμοιοι im Texte des Aristoteles wäre, ed. Brandis p. 306. Uebrigens bemerkt Albertus im Verlauf der Erörterung dieser Stelle: Quae nos enim ponimus, sunt secundum Aristot. exposita: et forte corruptus est liber. — Dass Albertus Jemanden an der Seite hatte, der wenigstens etwas Griechisch verstand, oder dass er selbst etwas davon wusste, geht aus mehreren Stellen hervor. Er erklärt endelechine ..quod latine sonat perfectiones sive actus." (de anima p. 4. c. 2.) Er übersetzt synolon zwar mit totum; da ihn das aber nicht ganz genügt, behält er σύνολον in der Erörterung bei. (Metaph. S. 114 ff.) Er übersetzt agathon mit bonum. Metaph. XII (XIII) S. 417 — Er weiss, dass die penultima in φιλούμενος lang gesprochen wird. (Metaph. S. 18. Penultima producatur. Er bezieht sich auf Arist. Metaph. ed. Brandis I. 8. 4. Allerdings erklärt er auf der andern Seite pathin (παθεῖν) mit „empfangen". Pathin enim Graeco, latine sonat recipere.

Wissen." Er bemüht sich, nach dem Vorgange Avicenna's den Process durch Vergleichung mit dem Lichte zu veranschaulichen, und hebt zugleich hervor, dass dem menschlichen Wissen ein höchstes, göttliches voranleuchte. Intellectus autem omnino separatus est intellectus intelligentiae, cujus intellectus hominis est imago quaedam ambiens suum mobile, quod est corpus hominis; sicut intelligentia separata ambit suum mobile, quod est sphaera, et intellectus hominis est in illo sicut lumina inferiora sunt in lumine superiori (etwa der Mond gegenüber der Sonne), a quo recipiunt et formas et motus per influentiam. Et continuatur (antur) hujus influentia (l. influentiae) formae et motus usque ad causam primam, quae movet sphaeram primam universaliter influentem, quae est penitus lux pura, quae a nullo alio aliquid recipit; et intellectus hominis continuè extendendo se a se ipso superius tandem per contemplationem coelorum devenit in contemplationem divinorum: et in illis perfecte contemplans stat sicut sol.

Von dieser Höhe blickt Albertus wieder auf die zunächst vorliegende Thätigkeit des Erkennens zurück und bestimmt diese näher. Cum igitur lumen intellectus et intellectuum ... sparsum sit in omnibus intelligibilibus, primum quod acquirit intellectus per studium, est intellectuum speculativorum collectio in tribus theoricae partibus, quae sunt physica, mathesis et prima philosophia....[1]) Dazu Arithmetik, Grammatik, Logik, Poëtik, Ethik ... et hic intellectus sic acceptus est speculativus. ......

Intellectus adeptus est, quem adipiscitur homo et resolutione omnium quae secundum actum intellecta sunt in lucem intellectus, qui micat intellectis omnibus: et acceptio plena hujus lucis est intellectus adeptus quo homo adipiscitur intellectum verum et propriam lucem ejus secundum ambitum omnium intellectorum; quae lux intellectus est substantia intellectus ipsius et habet duplicem actum. Unum quidem quo reflectitur super continuum et tempus, qui est actus ejus sicut est actus lucis solis super alienam materiam, sicut diximus de splendore aurorae. Alium autem habet, quo lucet, in intellectis puris et nudis et in se, non reflexus

---

1) Vgl. Aristoteles, Metaph K. p. 226 ed. Brand. τρία γένη τῶν θεωρητικῶν ἐπιστημῶν ἐστί, φυσική, μαθηματική, θεολογική. .

ad continuum et tempus, sed potius illustrans intellecta in ipsis primis substantiae principiis et entis. . . . . Schliesslich legt Albertus die Verwahrung ein (t. III p. 358): Haec autem omnia dicta sunt secundum opinionem Peripateticorum . . . . . Quia propriam intentionem quam in philosophia habemus non hic suscepimus explanare sed alibi dicetur. Diese Verwahrung, mit welcher eine andere am Schlusse des Commentares zur Metaphysik übereinstimmt (t. III. metaph. S. 448) nöthigt uns, über diesen Theil seiner Werke wegzueilen und in seinen zahlreichen Schriften eine Urkunde seiner eigenen Ansicht aufzusuchen. Am sichersten dürfte man den treuen Ausdruck seiner Meinung in einem Sendschreiben zu finden hoffen, worauf er sich im Commentar zur Metaphysik beruft [1]) de natura intellectualis animae et contemplatione; allein diese Schrift, in welcher sich Albert gerade über das höchste Ziel des Wissens ausgesprochen haben muss, findet sich unter seinen Werken nicht; dafür jedoch zwei andere Schriften, welche uns für diesen Verlust einen Ersatz bieten.

3. Die erste ist zur Widerlegung der Ansicht des Averroes von der Einheit des intellectus geschrieben. Bekanntlich hat der Schüler Alberts, Thomas von Aquin eine ähnliche Schrift verfasst, worin er vorzugsweise die Ansicht von der numerischen Einheit des intellectus possibilis widerlegt. Thomas nennt seinen Lehrer nicht, wie er denn überhaupt nur im Vorübergehen erwähnt, es hätten viele Philosophen eine Einheit des intell. ag. angenommen. [2]) Da Thomas vor seinem Lehrer starb [1274, Albertus starb im Jahr 1280 [3])], so kann Albertus später geschrieben haben. Während Thomas vorzugsweise aus Aristoteles argumentirt, bewegt sich Albert freier und eben das ist's, was wir brauchen, wenn es gilt, seine eigene Ansicht kennen zu lernen.

---

1) Metaph. l. I. t. 2. c. XV. p. 67. Secundum dicta igitur omnis contemplationis nostrae finis est, quod anima hypostasim formarum omnium, quae est lumen intelligentiae purum ab omni eo quod materiale est, vel virtutis materiae, inveniat: quia tunc recte invenit seipsum prout ipsa est solus et purus intellectus sine continuo et tempore.

De his autem locuti sumus in epistola nostra de natura intellectualis animae et contemplatione.

2) Ed. Nemaus. p. 492.
3) Vgl. Albertus Magnus von Dr. Prof. Sighardt. 1857. S. 255.

Er spricht sie in folgenden Sätzen aus, die er selbst als Zusammenfassung von frühern Aeusserungen bezeichnet.¹).

In der Seele des Menschen muss man eine reingeistige, von einer mit der sinnlichen Welt verkehrenden selbst sinnlichen Potenz unterscheiden. Es wird daher ein Ausspruch aus der ältern Zeit gebilligt, wonach die Seele „im Horizont der Ewigkeit" ist.²) Im Anschlusse an eine neuplatonische Auffassung wird der Seele eine Doppelnatur zugeschrieben, die in ihren beiden Potenzen von der ersten Ursache das Sein hat. Id quod fluit ab ea (anima) secundum quod ipsa est naturae intellectualis primae, conversa ad primam causam per lucis suae participationem, est in ea sicut lux, et est intellectus agens. Quod autem fluit ab ea secundum quod ipsa est substantia, per quam est natura corporalis stans et fixa et conjuncta, est intellectus possibilis. Et ideo habet tres theorias ... folgt die schon oben erwähnte, der arist. Metaphysik entlehnte Einreihung der prima philosophia, welche dem eigenen Bereiche des int. agens angehöre, dann der Mathematik und Physik, bei welchen das Vorstellungsvermögen und die gewöhnliche sinnliche Wahrnehmung verbunden mit der Vernunft thätig seien. Omnium enim Peripateticorum est ista sententia, quod substantia, quam Arabes Philosophi vocant intelligentiam (العقل), est substantia stans et in esse fixa per causam primam et ab ipsa habet in suo esse necessitatem. t. V. p. 232.

Durch die Abhängigkeit des menschlichen Geistes von der höchsten Ursache wird die passive Seite an ihm erklärt, durch den Zusammenhang mit ihr die aktive. .... Cum autem per hoc quod pendet ad causam primam, nullo modo sit in potentia, sed actus purus, secundum hoc est in ea intellectus possibilis: omnis enim intellectualis natura in seipsa considerata non est nisi in potentia et similiter omne causatum in se non est nisi in potentia: sed quod est a causa prima, est in actu et accipit sui esse necessitatem. T. V. p. 233 a.

Hiemit sind gleichsam die Grenzpfähle der ganzen eigenen Theorie

---

1) Cap. VI der erwähnten Abhandlung t. V. S. 232 f der sämmtlichen Werke.
2) Die Seele wird im Buche von den Ursachen selbst „Horizont der Ewigkeit" genannt; ein Ausdruck, der auch dem h. Thomas gefiel.

festgestellt, wenigstens insofern, als man sieht, wovon Albertus ausgeht und wohin er zielt. Die genauere Entwickelung und Begründung des Einzelnen findet sich in dem Werke de intellectu et intelligibili[1]) in zwei Büchern, wovon das erste in drei Theile zerfällt, die sich in den zu behandelnden Gegenstand theilen. „Der erste handelt de intellectu, der zweite de intelligibili, der dritte de comparatione intellectus ad intelligibile. Es ist eine der am besten abgerundeten Schriften des Meisters der mittelalterlichen Schule.

Um vor allem das Wesen und die Eigenschaften des erkennenden Princips zu bestimmen, wird hier festgestellt, dass jede erkennende Kraft, die in den lebenden Wesen sei, von einer höhern mit Erkenntniss begabten Potenz stammen müsse: quod omne cognitivum animalium causatum est ex alio quodam cognitivo. Sonst müsste die Erkenntnisskraft durch sich selbst sein. Dass dem nicht so sei, könne unmittelbar erkannt werden. Nach verschiedenen weiteren Erörterungen wird geschlossen: Natura igitur qua cognitiva sunt alia animalia, erit ab aliqua prima natura cognitiva et perfecta. Haec autem disputatio tota trahitur ex epistola quadam Aristotelis[2]), quam scripsit de universitatis principio, cujus mentionem in metaphysica facit Avicenna. Dicit autem Eustratius super sexto ethicae Aristo. omnem cognitionem animalium fluere a prima causa cognitiva. (p. 240 b.)

Es folgt eine Erörterung darüber, wie von der vollkommensten Ursache verschiedene, zum Theil sehr unvollkommene Kräfte des Erkennens ausgehen. Im Zusammenhange hiemit wird die von Plato im Timäus vorgetragene Ansicht von der Emanation der Geister aus den Himmels-Sphären besprochen. Et videtur Plato velle, quod intellectualitas in homine et sensibilitas in brutis, utrumque vitae principium in vegetabilibus et brutis effluat a motoribus orbium et stellarum: inducit enim in Timaeo summum deorum ad motores coelestium loquentem et dicentem: Horum sementem ego faciam vobisque tradam, vobis autem

---

1) Tom. V p. 239—262.
2) Das muss die „Theologie" des Arist., oder das Buch von den Ursachen, oder eine ähnliche Schrift sein.

exequi par est.¹) Die Sphären-Emanation Plato's beseitigt Albert, als der peripatetischen Lehre und der Astronomie zuwider, den wesentlichen Gedanken aber, wie er im Buche von den Ursachen und bei Avicenna auftritt, lässt er gelten. Omnino igitur eodem modo cum primum effluit bonitates suas super media et ultima, si aliquid esset a mediis influxum super ultima, tamen constitutio ultimorum non erit nisi ex participatione bonitatum primi; et si quid aliud est in eis, est aliquid privationis, et haec sententia optimorum fuit sapientum Graecorum, Theophrasti et Dionysii et aliorum philosophorum. (V. p. 241 b.)

Et secundum hunc modum essentia animae a primo causa tota et sola. (p. 242 a.)

Dieser Ausgangspunkt hat naturgemäss entscheidenden Einfluss auf den Abschluss. Die Voranstellung einer höchsten Intelligenz, aus welcher die menschliche hergeleitet wird, muss natürlich dahin führen, die Vollendung des menschlichen Geistes in der vollen Einigung mit der absoluten Intelligenz zu suchen.

Hiedurch ist jedoch Albertus nicht gehindert, den menschlichen Geist für sich, so wie er nun einmal zunächst der Natur und sich selbst gegenüber sich zeigt, zu betrachten.

Soweit diese Betrachtung reicht, bewegt er sich auf den Fährten eines Intellektualismus, welcher der conkreten Aussenwelt fast alle Bedeutung nimmt. Wir beschränken uns, selbst auf die Gefahr hin, der Darstellung alles Angenehme und Anziehende zu rauben, auf eine Hervorhebung der Hauptmomente, welche diesen Intellektualismus charakterisiren.

In Uebereinstimmung mit Avicenna sehen wir Albert bei der weitern Untersuchung (tractatus II. de per se intelligibili) über das Objekt der Erkenntniss, den Grundsatz an die Spitze stellen; Est . . . sententia fere omnium, quod solum universale sit intelligibile : eo quod tam Aristo. quam Boëtius et Averroes attestantur, quod universale est, dum

---

1) Vgl. über diesen σπόρος: Procli commentarius in Platonis Timaeum ed. C. E. Chr. Schneider 1847. p. 612 ff.

intelligitur, singulare autem dum sentitur. (tom. V. p. 246.¹) — Es reiht sich hieran die Streitfrage, ob die universalia allein, und niemals die particularia ein Gegenstand des eigentlichen Vernunftwissens sein können.

Albertus entscheidet sich für Ausschliessung der particularia : quia sic tradit concorditer tota secta Peripateticorum. Hieraus erklärt sich zum Theil die speculative Vornehmheit, die sich bei verschiedenen Gelegenheiten bei Albertus zeigt. Ehe er z. B. daran geht, über die Frage von der Einheit der Vernunft (des intellectus) sich auszusprechen, verwahrt er sich gegen alles Mitreden von Solchen, die nicht genug philosophisch gebildet seien, um abstrakt zu denken.

Er sagt: (de unitate intellectus contra Averroistas opp. t. V. p. 218 ff.);.. hinsichtlich der Schwierigkeit der Frage (S. 220 a.): Est autem haec disputatio difficilis valde nec ad eam admittendi sunt, nisi qui nutriti sunt in philosophia : quia quicunque alii sunt, verba quidem audire possunt sed ad intellectum eorum non sunt idonei. Totus enim coetus fere loquentium de anima transtulit se ad loquendum de ea· secundum imaginationem qua imaginantur animam ut compositam quamdam substantiam, quae est sicut quoddam particulare compositum in seipso ex materia et forma et quod est subjectum accidentibus, sicut virtutibus et scientiis et etiam potentiis naturalibus, quae sunt vires animae. Et nullo horum modorum loquuntur de ea Philosophi.

Aehnliche Auslassungen, welche bei jedem Idealisten ganz consequent sind, kommen öfters vor.

Die Ideen und abstrakten Begriffe sind bei Albertus das einzig wahrhaft Erkennbare, wie bei Avicenna. Und welches ist der Ursprung, oder der Fundort und Sitz dieser abstrakten Gegenstände des Wissens? Damit lenkt die Untersuchung auf einen ebenso schwierigen, als oft behandelten Streitpunkte ein: Utrum universale sit in solo intellectu an

---

1) Avicenna lehrt: النفس موضع للاشياء الكلية والحس موضع للاشياء الجزوية

»Die (vernünftige) Seele ist die Stätte der Ideen (der Universalien, rerum universalium), der Sinn aber die Stätte der einzelnen Dinge (rerum particularium). Cod. Sprenger. 1818. f. 39. b.

etiam in re extra? (t. V. p. 247.) Das hätte schon Porphyrius für eine Frage von höchstem Belange erklärt, die einer sehr sorgfältigen Untersuchung bedürfe. Sie gehöre eigentlich in die Metaphysik, trage aber zum Verständniss des vorliegenden Gegenstandes bei. Nun müsse es einleuchtend sein, dass der abstrakte Begriff, eben weil er etwas Geistiges, Einfaches sei, nicht von materiellen Dingen umschlossen sein könne. .... Ex omnibus autem hujusmodi inconvenientibus concluditur, quod universale non est in re, sed in ratione. Propter quod etiam Joannes Damascenus dicit, quod in talibus commune (das Universale) ratione, et non in re consideratur. Amplius individuatur forma per materiam: forma autem individuata dat esse individuo: sic igitur et forma efficitur propria et materia: nihil ergo formae et materiae quod est in uno individuo, est in pluribus simul sumptis: ergo universale nihil est rei, sive secundum formam sive secundum materiam accipiatur, cum ipsum sit in possibilibus simul sumptis. In hoc etiam consentiunt Peripatetici fere omnes: Avicenna videlicet et Algazel et Averroes et Abubacher et alii quamplures. (p. 247.)

Albertus nimmt also unbedenklich angeborne Ideen an. Er sagt unter Anderm in der Einleitung zum Commentar über die Bücher von der Seele (t. III. p. 3 a.): Sic necesse est absque dubio primum lumen ad quod examen refertur verorum et intelligibilium intus esse a natura: propter quod egregie dicit Aristoteles, principia nobis quodammodo esse innata, sicut innata est forma materiae.

Hiebei ist er jedoch weit entfernt, im Sinne Plato's den angebornen und präformirten Ideen etwas einzuräumen, was ein Peripatetiker nicht verantworten könnte. Er greift die platonische Ideenlehre nach allen Richtungen an. Plato unterscheide ein dreifaches universale, nämlich ante rem, in re und post rem. Das universale ante rem wären die Urbilder und theilweise geistigen Urheber der Einzeldinge. Secundum autem universale dixit tantum in re et hyc esse formam impressam rebus ex primo universali et ex quo formae rerum egrediuntur sicut ex quodam etymagio[1]) hoc est sigillo. Tertium autem dixit esse post

---

1 Offenbar nicht griechisch, vielleicht aus dem arab. châtem, oder hebr. chotem, als Uebers. von σφραγίς.

rem, quod est per considerationem acceptum a rebus. Diese Ideen-Theorie sei, namentlich im ersten Sinne (ante rem) bereits von Aristoteles widerlegt . . . propter quod absque dubio inconvenientissima est philosophia Platonis in hac parte. (t. V. p. 249.)

Plato's Ansicht wird auch in einer andern Beziehung bekämpft, nämlich insoferne nach ihr, der Geist des Menschen wesentlich alles Wissen in sich trüge. Wenn Albertus angeborne Ideen annimmt, so will er damit nicht eine Präexistenz des Wissens in der Seele behaupten. Quod autem Platonis amici dicunt, omnem scientiam esse in anima nec accipi aliquam per experimentum et doctrinam, nullam habet fortem rationem. . . . . Hoc quidem verum est, quod sicut in omni potentia actus alicujus praecessit illius actus inchoatio, ita etiam in intellectu possibili secundum inchoationem confusam praeexistit notio quaesitorum . . . Hic ergo confusus habitus est in intellectu sicut forma per inchoationem esse potentialis est in materia. (Metaphys. t. III. p. 10.) Indessen wird beschränkend beigefügt: Sed hic non loquimur de generatione scientiae per doctrinam: quia intendimus de prima scientiae generatione : et hoc non fit per doctrinam : quia doctrinaliter non generatur scientia, nisi postquam generata est in anima docentis. (Das. col. 2.)

Die Grundlagen des Wissens liegen immerhin im Geiste selbst, darum geht das eigentliche Wissen auf eine Selbstobjektivirung hinaus. Planum autem est ex his quae dicta sunt, quod intellectus non alia operatione sive actione intelligit suum intelligere, quam intelligendo sua intelligibilia et quod intelligit se quodlibet intelligibilium intelligendo. (t. V. p. 250 b.) Von diesem Centrum des vollendeten Wissens aus bestimmen sich die Unterschiede und Grade des Wissens überhaupt und lässt sich begreiflich machen, warum die mathematischen Wahrheiten am klarsten (?), die Grundsätze der Physik am undeutlichsten erkannt werden. (p. 251 a.) Ein wesentlicher Unterschied des Wissens findet ferner insofern statt, als einfache Ideen anders, und abgeleitete oder zusammengesetzte wieder anders zum Bewusstsein kommen. Die erstern bilden das einfache, die letztern das zusammengesetzte, synthetische Wissen. Et simplex quidem intelligentia incomplexorum; componitur autem intelligentia complexorum, aut per modum enuntiationis aut per modum syllogismi vel alterius speciei argumentationis. Et ille (intellectus) quidem qui compositus vocatur, dividitur in intellectum qui vocatur principiorum, qui secundum aliquid innatus est nobis, eo quod principia non ab alio principio accipimus, sed per scientiam terminorum, qui mox innascuntur nobis: et intellectum ex aliis acquisitum, qui apud Philosophos vocatur adeptus, eo quod est acquisitus per inventionem vel doctrinam et studium. (p. 221.)

Es ist für die Theorie des Albertus vom Erkennen an sich nicht von Wichtigkeit, die eben vorgetragene Bestimmung des intellectus adeptus festzuhalten; er hat an andern Stellen eine andere Stufe des Denk- und Wissens-Processes unter diese Bezeichnung eingereiht.

So sagt er im Commentar zur Psychologie: Quando intellectus possibilis procedit de potentia ad actu(m) tunc utitur reminiscentia et sensu et imaginatione et phantasia; quoniam ex sensu accipit experientiam, et ex experientiis memoriam, et ex memoriis universale; cum autem jam habet scientiam vocatur intellectus adeptus et tunc non indiget amplius virtutibus sensibilis animae. (de anima l. III tr. II c. XIX. p. 154.)

Offenbar ist hiemit eine, der gesuchten Höhe des abstrakten sichselbst-Wissens, welches das nächste Ziel der Wissenschaft ist, weit näher stehende Stufe des Erkennens bezeichnet, wie in der folgenden Stelle der Ethik. Adhuc autem omnium Peripateticorum sententia est, quod intellectus adeptus radix est immortalitatis . . . . Ille autem intellectus de sui natura semper est in contemplatione admirabilissimorum, firmissimorum et purissimorum theorematum, quorum ipse est propria imago et susceptivum. In his autem felicitas potissima est, ut dicit Arist. (Eth. l. l. tr. 7. c. 16. p. 77.)

In der Anwendung der gewöhnlichen Terminologie erlaubt sich Albertus unläugbar Freiheiten, die ein Schwanken in der Theorie selbst verrathen könnten: in dieser jedoch steht bei ihm Alles fest.

Das Erkennen ist ihm eine Assimilation von Erkennendem und Erkanntem. (t. V. p. 250 a.) Woher hat aber das Objekt des Erkennens eine solche Verwandtschaft mit dem Erkennenden, dass beides sich im Akte des Erkennens verbinden kann? Nicht davon, dass Alles wesentlich eins ist. Nichts liegt dem Idealismus Alberts so ferne, als die Meinung, dass der Geist in der Materie aufgehe und eigentlich dasselbe sei, wie sie. Dass der vernünftige Geist die Ideen der wirklichen Dinge und sich selbst wissend begreifen kann, kommt nach ihm davon her, dass er, wie die begreiflichen Dinge selbst, aus Einer und derselben höchsten Ursache ihren Ursprung haben. Er kehrt hiemit zu dem Punkte zurück, von dem er ausgegangen ist.

Dicimus ergo . . . omnes formas ab intelligentia prima universaliter materiam ambiente dari materiae: et ex hoc omnem formam quae in materia est, esse mediam inter duo, intelligentiam videlicet a qua fluit sicut formae artificiatorum ex intellectu artificis et materiam in qua est per esse quod dat materiae. (t. V. p. 252 b.)

Die Annahme dieses wichtigen Princips hindert ihn jedoch nicht, den Process der Ausgestaltung des Erkennens zunächst mit einem vollendeten Bewusstsein des Geistes von sich selbst abzuschliessen.

Dass er sich unter dem höchsten Einflusse der absoluten Intelligenz secundäre Intelligenzen mit einer Wirksamkeit auf ihre Sphäre vorstellt, ist Nebensache (vgl. das Beispiel p. 253. b. med.), auch das ist nicht wesentlich, dass er mit der subtilern Schule des Aristoteles formas mundi und formas materiae unterscheidet, aber das bezeichnet seinen Standdunkt, dass er die wesentlichen Gesetze, welche das ganze Weltall durchdringen und halten, zunächst im Geiste sucht, dessen passive Seite die Fähigkeit hat, alles, was ist, ideell zu werden und dessen aktive Potenz das Vermögen hat, alles, was ist, ideell hervorzubringen: diximus in ipsa anima esse duas differentias universaliter agentis, quo est omnia facere et universaliter possibilis, quo est omnia fieri : et per istam rationis necessitatem arguuntur falsitates illorum qui in anima dicunt nullum esse intellectum agentem. Isti enim non consentiunt Philosophis, qui, licet dicant intelligentias quae sunt formae mundi, irradiare super intellectum animae humanae: non tamen negant, in ipsis animabus esse intellectum agentem universitati suorum intellectualium proportionatum. Aliter enim homo non perfecte esset minor mundus nec esset imago

---

1) p. 251 a. Et ideo subtiliores Peripateticorum distinxerunt inter formas mundi et formas materiae; formas mundi vocantes universaliter relatas ad universum, formas autem materiae dicentes eas, quae sunt dantes esse materiae: formae igitur mundi sunt ab intelligentia ex hoc quod ipsa est intelligentia, et quando fiunt in anima fiunt magis in anima ex parte illa qua fluunt a forma mundi, quam ex parte illa qua per esse sunt in materia.

formae mundi : quae tamen inconvenientissima scit esse omnis qui recte philosophatur. (t. V. p. 254.)

Dieser Anschauung zufolge findet Albert die Frage ganz überflüssig, wie es denn komme, dass das Ding an sich, die konkrete Aussenwelt, sich durch die Form des Erkennens in den menschlichen Geist übertrage, da dieser doch von wesentlich höherer Art sei und der Akt der Erkenntniss eben nichts anderes sein könne, als Verbindung von Gleichem mit Gleichem. Et est quaestio imperitorum in naturalibus; formae enim exteriorum non agunt nisi prout sunt intellectus quidam et agunt sub lumine intelligentiae agentis quod est in ipsis et sic agere possunt in possibilem intellectum. (p. 255 a.) Wie der menschliche Geist, von seiner passiven Seite aufgefasst, gewisser Massen alles werden könne, was ist und zu seiner Erkenntniss kommt und doch als beständiges Geistwesen in sich beharre, habe schon Alfarabi durch ein gutes Gleichniss anschaulich gemacht: Et hujusmodi simile dixit jam ante nos Alpharabius, quod est imaginandum quod sicut cera intelligatur vel imaginetur tota transire in figuram sigilli, ita quod (ut) nihil ejus distinguatur ab ipsa figura sigilli. Doch meint Albertus, das Bild von Licht und Farbe sei besser: der Krystall sei derselbe mit und ohne Farbenspiel; so auch der Geist mit und ohne Aufnahme von intelligibilia. u. s. w.

So sehr hiebei die Autonomie des erkenntnissfähigen Geistes gewahrt wird, kommt doch auch die Nothwendigkeit einer aktiven Einwirkung zur Hervorbringung wirklichen Wissens zur Anerkennung, et ex hoc sequitur quod nihil penitus scit, qui philosophiae non studet : nec enim scit se nec aliquid aliud a se. So lange der Geist eben nur das Vermögen hat, (abstrakt zu denken und) zu erkennen, erkennt er gar nichts; auch das erkennt er nicht, dass er nichts erkenne; wie das Auge, welches im Finstern am Sehen verhindert ist, auch das nicht sieht, dass es nicht sehe. Et ideo antiquissimos idiotas Hermes increpans, dixit: tales nulli humanorum in vita operam dedisse, sed more porcorum vitam expendisse. (p. 258.)

Das absolute Wissen hat wesentlich das Wissen seiner selbst zur Grundlage, weil die Grundgesetze des Wissens und die Form aller Wahrheit im Geiste ist. Et ideo dixit Plato quod verissima Philosophiae diffinitio est sui ipsius cognitio : et dixit Alpharabius quod anima posita est in corpore ut seipsam inveniat et cognoscat. (p. 259.) Das Studium darf nicht ruhen, bis es den Geist des Menschen dahin geführt hat, sich selbst zu besitzen. Ex his igitur patet qualiter per studium intellectus adipiscitur seipsum (daher intellectus adeptus). Der Geist wird, auf dieser Höhe angelangt, nicht etwas Neues, vielmehr kommt er erst bei dieser Stufe zum vollen Bewusstsein alles dessen, was er seinem unveränderlichen Wesen nach ist. Der Idealismus Alberts stimmt, wie man sieht, mit dem hegelschen auf dieser Stufe fast buchstäblich überein. Bekanntlich bezeichnet Hegel die dritte Stufe des reinen Denkens so: „Das Denken hat auf diesem Standpunkte keinen andern Inhalt, als sich selber . . . es sucht im Gegenstande nur sich selbst. . . . Das Wissen macht jetzt die Subjektivität der Vernunft aus und die objektive Vernunft ist als Wissen gesetzt. . . . Die Intelligenz, die als theoretische sich die unmittelbare Bestimmtheit aneignet, ist nach vollendeter Besitznahme nun in ihrem Eigenthume." (Encyklopädie, Werke VII. Bd. S. 357 f.)

Während indess Hegel diese Stufe als die Vollendung und das letzte Ziel der Intelligenz bezeichnet, wird Albertus genöthigt, das Ziel in einem andern Stadium zu suchen. Zum vollen Erkennen seiner selbst, gehört das Wissen von dem Zusammenhang mit der absoluten Ursache des des Seins und Denkens. Das Vermögen, über sich hinaus zu der höchsten Ursache seines Wesens zu streben — nennt Albertus intellectus assimilativus. Während in allen Beziehungen, welche ein aus der Natur, oder äussern Erfahrung gewonnenes Wissen darstellen, die unveränderte Beharrlichkeit des Geistes in seinem Wesen betont wurde, wird auf dem Wege des Aufsteigens zur höchsten Ursache eine wesenhafte Bereicherung und Erhöhung des Geistes gelehrt. Zunächst bemerken wir hier allerdings einen Rückschritt in der Entwicklung, indem mit Alfarabi dem aufwärts gehobenen Geiste eine Kenntniss der Gestirne zugesichert wird — (die Astronomie gehört ja zu einem tiefer stehenden Verstandeswissen) und mit Avicenna das prophetische Vorherwissen als Mitgift der Vereinigung mit der absoluten Intelligenz dargestellt wird. Diese Stufe heisst bei ihm intellectus divinus, wie bei Avicenna [1]). (t. V.

---

[1]) Das Nähere im nächsten Abschnitte.

p. 261 ff.) Es ist bezeichnend für den Standpunkt Alberts und der meisten Scholastiker, die ihm gefolgt sind, dass auf dieser Höhe das Leben ebenso wesentlich ein Wissen und Erkennen ist, wie beim Processu des Wissend-Werdens selbst die Eigenheit der intelligenten Kraft mit einer gewissen Souveränität gewahrt wurde. Albert hat hie und da dem Willen sein Recht eingeräumt, er konnte dieses Recht nicht schmälern, weil die Seele im Reiche des Guten sich vollenden muss; aber am Ende absorbirt die Intelligenz auch den ethischen Willen. Albert schliesst seine Ethik mit Reflexionen über die höchste Vollendung des Menschen. Quod autem pars divinissima et optima speculativa sit saepius dictum est. . . . Intellectus enim speculativus quo speculamur est de numero eorum quae in nobis sunt secundum Peripateticorum scientiam et est cognoscibilium eorum, circa quae est intellectus purus et separatus. (Eth. l. X. p. 352 f.) . . . Speculativus ergo intellectus divinissimus est et non practicus[1]) : et illius optima operatio felicitas erit contemplativa. (Ibid. p. 353 b.)

Albert ist nicht damit zufrieden, die zum Sensualismus neigenden Rathschläge von Theognis und Solon[2]) abzuweisen, er macht immer wieder geltend, dass das Erkennen das höchste sei. Homini ergo et optimum et delectabilissimum est vita secundum intellectum speculativa : haec enim maxime est homo. Talis igitur homo felicissimus est primâ et dignissimâ felicitate.

Was von Plato gesagt werde, er habe auf der Meerfahrt das Gold von sich geworfen, um das Leben zu bewahren, gelte von allen Dingen, die nicht zum Erkennen führen. (S. 356 b.) Speculatio igitur secundum intellectum attribuitur diis, etiam propter quod operatio Dei, qui perfectione beatitudinis differens est a nostra, relinquitur quod sit speculativa : et ulterius accipitur, quod [sit] inter humanas operationes quae

---

1) In der Schrift de intellectu et intelligibili, (Cod. lat. 18656, Tegerns. 656 der Münchner Staatsbibl.) wird dem praktischen Momente besser Rechnung getragen. Allein diese Schrift ist kaum von Albert.
2) Oportet autem in talibus non intendere suasionibus Theongindis et Salonis (sic) qui suadent humana debere sapere eum qui homo est et mortalem debere sapere ea, quae mortalium sunt. Ethica l. X. p. 355. Vgl. die Berufung auf Solon und Theognis bei Aristoteles Eth. Nicom. l. X. p. 1179 a. 9 und b. 6 ed. Bekker.

divinae operationi cognatissima est et simillima, est felicissima. Speculatio autem per intellectum adeptum simillima est. Haec ergo felicissima est. (Ethica p. 357 b.)
Hiemit stimmt im Wesentlichen Avicenna überein.

III.

Es ist nicht leicht, den Standpunkt genau zu bezeichnen, welchen Avicenna zwischen seinen Vorgängern und Nachfolgern im Allgemeinen und in der Erkenntnisslehre insbesondere einnimmt. Man möchte vor Allen von Averroes, der uns in seinen Commentaren ein reiches Material für die Geschichte der arabischen Philosophie hinterlassen hat, erwarten, dass er seinen berühmten Vorgänger im Orient genau charakterisirt hätte. Nun führt er ihn in einzelnen Schriften namentlich im Commentar zur Methaphysik sehr oft an; aber gewöhnlich nur, um ihn zu widerlegen.

Im Commentar zu den Büchern von der Seele scheint er ihn ganz verwerfen zu wollen, indem er ihn der fast gänzlichen Abwendung von Aristoteles anklagt: Sed illud, quod fecit istum hominem (Avempace) errare et nos etiam longo tempore, est, quia moderni dimittunt libros Aristotelis et consyderant libros expositorum et maxime in anima credendo quod iste liber impossibile est ut intelligatur; et hoc est propter Avicennam, qui non imitatus est Aristotelem nisi in Dialectica [1]; sed in aliis erravit et maxime in Metaphysica et hoc quia incoepit quasi a se. (De anima l. III. §. 30. fol. 173 ed. Venet. 1550.)

Diesem Urtheile gemäss, möchte man erwarten, Avicenna habe sich viel bedeutender von der gewöhnlichen peripatetischen Theorie entfernt, als andere Araber und namentlich Averroes selbst.

---

[1] Damit ist wohl auch die Logik gemeint. Vgl. die sorgfältige Darstellung der Logik des Avicenna bei Prantl, Gesch. der Logik II. S. 318—361

Nun finden wir aber, dass er sich aus Rücksicht auf die peripatetische Tradition von seinem Meister Alfarabi gerade in der Erkenntnisslehre sehr auffallend entfernt hat, so dass der Vorwurf des Averroes sich nicht bestätigt.

Nach einem handschriftlich erhaltenen Fragmente gab Alfarabi [1]) der praktischen Vernunft nicht jene untergeordnete Stellung, welche sie nach dem oben in dem Abschnitte von der Terminologie Mitgetheilten bei Avicenna erhält.

Die Einreihung dieses Vermögens bei Alfar. an der höchsten Stelle hieng mit jener Theorie zusammen, welche Ibn Gabirol zum Systeme entwickelte. Würde Avicenna hier die Spur seines Meisters verfolgt haben, so wäre es in der That richtig, dass er sich vom aristotelischen Intellektualismus abgewendet habe, um den Willen auf den Thron der Geisterwelt zu setzen.

Es ist jedoch klar, dass Avicenna, trotz seiner Anerkennung der praktischen Weisheit[2]), die Intelligenz über alles stellt und ihr Wesen und Wirken nach aristotelischen Grundsätzen zu bestimmen sucht. Er hat sich so eng an die Aristoteliker angeschlossen, dass man ihn mit Recht zu den ersten arabischen Peripatetikern zählen kann. Eigenthümlich ist freilich, dass er gegen Porphyrius eine besondere Abneigung kund giebt. Er sagt (El Schefa l. VI. pars V. c. VII. f. 45. col. 4 der lat. Uebers.) Quod autem magis decipit homines in hoc, est ille, qui composuit librum isagogarum qui amabat loqui verisimilia et probabilia satisfaciens sibi et aliis verisimilitudinem, quod possunt perpendere docti homines ex liberis (sic) ejus qui intitulantur de intellectu et de intellectis et de anima.[3]) Damit stimmt eine, viel stärkere Stelle, in den arabischen Ischârât im Wesentlichen überein.

(Cod. Spr. 1803. f. 170. b.). „Sie hatten einen Schriftsteller, welcher unter dem Namen Porphyrius bekannt ist. Dieser verfasste über die Vernunft und die Vernunftbegriffe ein Buch, welches den Peripatetikern als Grundlage (ihres Lehrgebäudes) dient. Das besteht aus lauter

---

1) Wir werden dieses dem Cod hcbr. 402 der Münchner Staatsbibliothek entnommene Fragment bei nächster Gelegenheit veröffentlichen.
2) Albertus M. nimmt in der Ethik t. IV. p. 10 die Definition Avicenna's vom Guten an und folgt ihm überhaupt in der Ethik öfters.
3) Von solchen Werken des Porphyrius wissen wir nichts.

schlechten Datteln. Sie wissen von sich selbst, dass sie es nicht verstehen, aber auch Porphyrius selbst verstand es nicht. Ein Zeitgenosse von ihm hat es widerlegt; diesen hat er aber selbst widerlegt, nach dem, was er am Anfange fallen lässt. وكان لهم رجل يعرف بفرفوريوس عمل
فى العقل والمعقولات كتابًا يبنى عليه المشّأُون وهو حشف كله وهم يعلمون من
انفسهم انهم لا يفهمونه ولا فرفوريوس نفسه وقد ناقضه من اهل زمانه رجل وناقض
هوذلك المناقض بما هو اسقط من الاول

Hier nun lässt allerdings Avicenna, wie man sieht, eine, wenigstens Porphyrius gegenüber, selbstständige Auffassung des Erkenntnissvermögens und der Erkenntnissobjekte von sich erwarten. Allein damit ist der Vorwurf, welchen ihm Averroes machte, nicht erklärt.

Da wir überdiess kaum errathen können, welche Schrift des Porphyrius Avicenna im Auge hatte, so müssen die Frage von diesem Gegensatz auf sich beruhen lassen. Wir können natürlich auch nicht bestimmen, ob gerade eine solche Schrift von Averroes als die ächte Darstellung aristotelischer Auffassung angesehen wurde.

Sicher ist, dass die Abweichungen, welche sich Avicenna gegenüber der gewöhnlichen Auslegung der aristotelischen Schriften zunächst in der Erkenntnisslehre erlaubte, im Wesentlichen dieselben sind, die wir bei Averroes finden.

Beide stimmen darin überein, dass sie die Quelle und den Ursprung alles Wissens nicht in die menschliche Seele sondern in eine kosmische Potenz ausserhalb derselben verlegen. Der augenfälligste Unterschied zwischen beiden ist dabei der, dass Avicenna sich deutlicher bemüht, mit dem Fundamente seiner Theorie die Grundlehre der muslimischen Theologie zu vereinigen.

Der Grundgedanke dieser Theorie ist natürlich der Aufmerksamkeit Alberts nicht entgangen.

Albertus führt diesen Gedanken, worin zunächst Avicenna mit Gazâli in Uebereinstimmung wären, auf Anaxagoras zurück. Nach ihnen ist die absolute Intelligenz nicht im Menschen, sondern über dem Menschen zu suchen. — Dixerunt autem (die Schüler des Anaxagoras, theilweise Avicenna) quod omnis natura intellectiva est separata, et nulli habet aliquid commune; et ideo non est intellectualis naturae homo, (sed inintellectivae.) sed intelligentiae tantum. Et has ponunt in decem ordinibus cuilibet caelo, quos novem esse dicunt . . . . Dicunt autem isti per splendorem intelligentiarum dari formas : et ideo quia anima hominis nobilior est aliis, ideo plus splendoris resultat in ea, quam in aliis . . . . et hunc splendorem intellectum esse in nobis dicunt. (De anima p. 140.) Das Wissen und Erkennen wäre demnach ein kosmischer Process; vergleichbar der Ausstrahlung des Lichtes.

Bei einer andern Gelegenheit gibt Albertus den nähern Process an, durch welchen, nach der Ansicht Avicenna's, das einzelne Individuum aus der höchsten Quelle der Erkenntniss sein Wissen schöpft.

Nach ihm (und Gazâli) ist das menschliche Denkvermögen vorzugsweise Passivität; es enthalte keine Ideen oder deren Keime, es lasse sich (nach arist. Ausdrucke) mit einer tabula rasa vergleichen. Beim Lernen geschehe nichts anderes, als dass die thätige, absolute Vernunft erkannte Begriffe von der sinnlichen Beimischung befreie und mit dem Verstande (intell. possibilis) verbinde. Der Verstand muss sich so lange bei der Bildung der einzelnen Begriffe zur absoluten Vernunft wenden, bis er mit ihr organisch vereinigt wird, bis sie seine Form wird. Dem im menschlichen Geiste liegenden Vermögen wird demnach die Autorschaft hinsichtlich der endlich gewonnenen Wissenschaft abgesprochen. Relinquitur ergo quod formae intellectae sunt in intellectu agente et quod per addiscere acquirit anima aptitudinem convertendi se ad intelligibilia. (De anima p. 165.)

Die Art, wie Albertus den Gedanken Avicenna's fasste, wird weiterhin besonders durch die Einwendungen in's Klare gesetzt, welche er dem arabischen Philosophen entgegenstellt. Wenn es wirklich so wäre, dass die Wissensvorstellungen (formae intellectae) einzig aus der absoluten Vernunft in den passiven Verstand übergiengen, woher denn die Verschiedenheit dieser Vorstellungen komme? Si solum agens largitur formas intellectas, cum ipsae differant genere et specie, debet assignare Avicenna, quae est causa differentiae. Ein genügender Grund, sich dieser Theorie entgegenzusetzen, sei: quia cum convertitur possibilis ad agentem, tunc fluunt formae intellectae ad ipsum possibilem; cum ergo agens se habet uno modo, formae fluentes ab ipso receptae immateriali erunt uno modo; et hoc est falsum; quia modo fliunt formae quaedam et cras aliae et sic etiam de aliis. (De anima p. 165 a.)

Wenden wir uns vom Referat des Albertus, welches übrigens noch verschiedene andere Momente enthält, zu den Originalschriften Avicenna's, so sehen wir, dass er die nämlichen peripatetischen Formen, die Albertus und Thomas von Aquin zum Ausdrucke ihrer Theorie gebraucht haben, offenbar in einem wesentlich verschiedenen Sinne nimmt.

Das, was im einzelnen Individuum denkt, ist eine Empfänglichkeit, die dann zu einer selbstthätigen Potenz sich erhebt, wenn die ausser der Seele liegende Intelligenz aus ihrem unerschöpflichen Vermögen ihr ein entsprechendes Maass von Gedanken und Erkenntniss gegeben hat.

Je öfter dieser Grundgedanke verhüllt erscheint, desto nöthiger ist es, Avicenna zusammenhängend sprechen zu hören. Eine der deutlichsten Aeusserungen findet sich im fünften Theile der Physik des Werkes el-Schefâ (lat. Uebers. liber sextus pars V. c. 5. f. 44 b.) Es handelt sich hier zunächst darum, zu erklären, wie die Erkenntniss aus dem Stande der Potenzialität in jenen der Wirklichkeit übergeht, und die Seele, welche vorher nur möglicher Weise abstrakte Begriffe bilden konnte, solche nun wirklich in sich trägt. Causa dandi formam intelligibilem non est nisi intelligentia in effectu, penes quam sunt principia formarum intelligibilium abstractarum. Cujus comparatio ad animas nostras est sicut comparatio solis ad visus nostros, quia sicut sol videtur per se in effectu et videtur luce ipsius in effectu quod non videbatur in effectu, sic [ut] est dispositio hujus intelligentiae quantum ad nostras animas. Virtus enim rationalis cum considerat singula quae sunt in ymaginatione et illuminatus luce intelligentiae agentis in nos, quam praediximus, fiunt nuda a materia et ab ejus appenditiis et imprimuntur in anima rationali, non quasi ipsa de imaginatione mutetur ad intellectum nostrum, neque quia intentio pendens ex multis cum ipsa in se sit considerata nuda, per se faciat similem sibi : sed quia ex consideratione eorum aptatur anima, ut emanet in eam ab intelligentia agente abstractio.

Cogitationes, enim et considerationes motus sunt aptantes animam ad recipiendum emanationem, sicut termini medii praeparant ad recipiendum conclusionem necessario, quamvis illud fiat uno modo et hoc alio. Cum autem accidit animae rationali comparari ad hanc formam nudam modiante luce intelligentiae agentis, contingit in anima ex forma quiddam quod secundum aliquid est sui generis et secundum aliud non est sui generis. Sicut enim lux cadit super colorata et fit in visu ex illa luce operatio quae non est similis ex omni parte.

Imaginibilia vero sunt intelligibilia in potentia et fiunt intelligibilia in effectu non ipsa eadem, sed quae excipiuntur ex illis, immo sicut operatio, quae apparet ex formis sensibilibus, non ipsae formae mediante luce, sed aliud, quod habet comparationem ad illas, quod fit mediante luce inreceptibili recte opposito."

Diese Stelle lässt kaum einen Zweifel darüber bestehen, dass Avicenna unter intellectus agens eine ausserhalb des Individuums bestehende Potenz verstanden habe.[1])

Ehe wir uns indess des hier ausgesprochenen Gedankens ganz bemächtigen, sei es gestattet, die Uebereinstimmung der arabischen Quellen mit dem lateinischen liber sextus nachzuweisen.

Es könnte nach einer Stelle in den Ischârât scheinen, als wolle Avicenna den intellectus agens (العقل الفعّال) mit jener ausgebildeten Vernunft identificiren, die er sonst den gewonnenen oder geförderten Geist nennt; indem er sagt: وهذا الكمال يسمّى عقلا مستفادا وهذه القوة الملكية في العقل الفعّال Diese Vollendung wird der gewonnene Geist genannt, und diese Kraft — das ist die wirkende Intelligenz (f. 79. b.). Allein das Manuscript ist hier offenbar defekt, der Anschluss des فهو an وهذه verräth eine Lücke. Sie wird durch eine Correktur am Rande ausgefüllt, wonach auf الملكية folgen muss: تسمّى عقلا بالفعل والذى يخرج من الملكة الى الفعل التامّ ومن الهيولانى الى الملكة فهو u. s. w. Nun heisst die Stelle so: Diese Vollendung wird der gewonnene Geist genannt, und diese Kraft nennt man die Vernunft in Wirksamkeit. Was aber aus dem Habitus zur vollendeten Aktualität den Fortschritt bewirkt, und von dem Zustande der bloss materiellen Anlage zum Habitus, das ist die wirksame Intelligenz (intellectus agens).

Weiterhin: es ist klar, dass die bewirkende Ursache zur Entstehung

---

[1]) Vgl. Alfarabi de intelligentiis f. 68 col. 4 und f. 69 col. 1.

von Begriffen und Ideen in der Seele die wirksame Intelligenz (intellectus agens) ist, sowie die empfangende Ursache die Seele selbst, vorausgesetzt, dass sie den Habitus zur Verbindung mit jener (der wirksamen Intelligenz) hat." Ischârât f. 82. b. ظهر ان العلّة الفاعلية لحصول صور المعقولات في النفس هى العقل الفعّال والعلّة القابلية هي النفس بشرط ان يحصل لها ملكة الاتصال به —

Ob die Randcorrektur das Richtige gab und den wirklichen Gedanken Ibn Sina's ausdrückte, sieht man zum Theil aus der zusammenhängenden Auseinandersetzung in Oyûn el hikmeth, die hier am Anhange im Original abgedruckt ist. (§. 5.)

„Alles, was aus der Potenz zur Wirklichkeit übergeht, geht durch irgend eine Sache in diese über, welche diese — höhere — Form bewirkt. Da nun die Vernunft dem Vermögen nach (intellectus possibilis) zur Vernunft in Wirklichkeit (intellectus in actu) lediglich vermittelst einer Ursache wird, welche die Begriffe bewirkt und mit welcher sich die ihrer Einwirkung unterstellte Kraft (عقل) verbindet; und da diese Sache das ist, was die Vernunft in uns bewirkt und kein körperliches Ding solche Eigenschaft besitzt, und da diese Sache eine Vernunft in Wirksamkeit und eine in uns wirkende Vernunft ist — so erhält sie den Namen: „Wirksame Vernunft".

Hiemit ist zunächst ins Klare gesetzt, dass Avicenna den Uebergang des menschlichen Geistes aus dem Zustande der Möglichkeit des Denkens in jenen des wirklichen Denkens einer Potenz zuschreibt, welche ausserhalb des denkenden Individuums ist und dem grossen Ganzen der Welt angehört.[1])

Die Darstellung der Lehre Avicenna's in diesem Punkte, welche Dandin aus dem lateinischen liber sextus gegeben hat, ist daher im Ganzen richtig, wenn er sagt: Marinus autem Philoponi testimonio consensit quidem cum Alexandro agentem intellectum animae nostrae virtutem non esse .... Placet hoc capite Avicennae quoque et Algazelis

---

1) Auch hier ist im Wesentlichen Alfarabi vorangegangen und beiden die Encyklopädia Ichwan uç çufa.

sententiam complecti. Ambo namque separatam intelligentiam agentem intellectum esse prodiderunt: pauloque planius quam Marinus quomodo intellectiles ab ea formae in intellectu nostro producantur, significarunt. Avicenna igitur quemadmodum alibi de naturalium atque in rebus existentium formarum productione philosophatus fuerat, easque a separata quadam intelligentia, quam ideirco formarum datricem appellavit, produci omnes in materia praeparata posuerat : ita prorsus de intellectilibus item decernendum sibi putavit . . . illas in quam omnes ab sublunari intelligentia, quae penes se cunctas habeat, in patibili nostro intellectu velut subjecto procreari, atque ita nos ad intelligendum promoveri.[1])

Schahrastani, welcher offenbar das Hauptwerk Avicenna's öfters excerpirt hat, bestätigt diese Auffassung. In dem Abschnitte über die Physik wird über die Entstehung des Denkens verhandelt. (Ed. Cureton p. 426.) Auch hier wird geltend gemacht, wie eine wirksame ursächliche Potenz nöthig sei, um den Geist aus einem potenziell denkenden Wesen, zu einem wirklich denkenden zu machen; dieses müsse eine geistige aber wirkliche Potenz sein. „Es ist also eine Substanz, welche von der Materie getrennt ist, nemlich die thätige Vernunft, welche thätig nur desswegen genannt wird, weil das Sein der hylischen Intelligenzen ein passives ist. Es ist aber die Annahme derselben in einer andern Beziehung schon in der Metaphysik dagewesen, und ihre Wirksamkeit beschränkt sich nicht auf die Intelligenzen und die Seelen, sondern jede Form, welche in der Welt entsteht, ist nur durch ihr allgemeines Herabströmen da, so dass sie jedem Aufnehmenden diejenigen Formen zuertheilt, wofür es vorbereitet ist."[2])

Man muss gestehen, dass auf solche Art ein Fundament gewonnen wäre, auf welchem sich nicht bloss eine Beschreibung, sondern auch eine Erklärung der Erscheinungen des Denkens construiren liesse. Freilich ist der Grund, worauf das Fundament selbst, nämlich die Annahme einer unkörperlichen aber realen und substanziellen höchsten Intelligenz, ruhen soll, luftig. Er lautet so: „Wisse, dass der Körper und eine

---

1) Dandini, de corpore animato libri VII. In Aristotelis tres libros de anima Commentarius peripateticus. Paris 1611 p. 1955.
2) Uebers. von Haarbrücker II. S. 328.

Kraft in einem Körper Nichts zur Existenz bringt, denn der Körper ist aus Materie und Form zusammengesetzt, und die Natur der Materie ist eine defektive; wenn also der Körper Einwirkung ausübte, würde er es in Gemeinschaft mit der Materie thun; diese ist aber eine Nichtexistenz und die Nichtexistenz übt auf die Existenz keine Einwirkung aus. Die thätige Vernunft ist also das von Materie und von jedem (blossen) Vermögen Getrennte und ist vielmehr der Wirklichkeit in jeder Beziehung." [1])

Wozu diese gnostische Zwischenpotenz, wenn einmal über die innerhalb der menschlichen Seele liegende Kraft hinausgegangen werden sollte? Mit Recht hat der Commentator zu Ojun-el-hikmeh (unten §. 5) an Avicenna's Auseinandersetzung über die Ursache des Denkendwerdens der menschlichen Seele getadelt, dass nicht die Gottheit unmittelbar als Ursache der Aktualität des Wissens angenommen werde. (Beilage §. 6 f.) [2])

Es war nicht schwer, der Annahme einer solchen äonen-artigen Weltintelligenz neben der Annahme eines göttlichen Schöpfers entgegenzutreten. Entweder war das Eine, oder das Andere überflüssig. Wollte der Gedanke Alexanders benützt werden, so war kein Platz mehr für den Schöpfer.

Gleichwohl hat diese Verbindung einer neuplatonischen Idee mit der koranischen Gottesidee den philosophirenden Bekennern des Islam so sehr zugesagt, dass sie von Ibn Sina an sehr oft und nicht bloss in speculativen und theosophischen, sondern auch in historischen Schriften anzutreffen ist. [3])

Indessen darf nicht übersehen werden, dass diese Idee im System Avicenna's mit Zurückhaltung behandelt ist. Sie ist ausgesprochen, bildet offenbar den Hintergrund und zugleich den Zielpunkt der ganzen noëtischen Theorie, aber sie wird bei der Deduktion selbst beinahe gar nicht

---

1) Das. S. 329.
2) Vgl. die Monographie von S. Thomas Aq. de substantiis separatis im Anhang zur summa adv. Gent. ed. Nemaus. 1853 t. I. p. 444. Opinio Avicennae de effluxu rerum a primo principio.
3) Mugir-ed-din berichtet am Anfange seiner Geschichte von Jerusalem die Schöpfung des intellectus (agens) als eine primitive That Gottes. Cod. Rehm. V. f. 6 b.

bemerkt. Man glaubt hier nichts, als den puren Peripatetiker zu hören, welcher sich bemüht, die Doppelkraft des intell. possibilis und agens mit den Gegenständen des Erkennens in einen rationellen Verkehr zu bringen.

Ich gestehe, dass es mir nicht gelungen ist, ausfindig zu machen, wie Avicenna zu gleicher Zeit den einen und den andern Standpunkt einnehmen konnte. Aus einer Stelle bei Schahrastani möchte man schliessen, er habe die ganze Bedeutung des denkenden Geistes als Phänomen aufgefasst, welches dadurch entstünde, dass die der Thierseele ähnlichen, doch reicher ausgestatteten Anlagen von den Einstrahlungen des über der Menschenwelt schwebenden, allseitig thätigen intellectus agens berührt und organisch angezogen werden. „Die Kraft, welche die Seele hat, ist endlich, aber dadurch, dass sie das erste denkt, so dass sein Licht fortdauernd darauf herabfliesst, wird ihre Kraft unendlich." (Schahr. 385. unten. Haarbr. S. 269.) „Von dem ersten Erkennen (akl) ist aber dadurch, dass es das erste erkennt oder denkt, die Existenz eines Erkennens unter ihm eine Consequenz." Aus diesem ersten Erkennen oder Erkennenden geht die Emanation alles Wirksamen aus „und in gleicher Weise verhält es sich bei jedem einzelnen Erkennen und jedem einzelnen Himmelskreise, bis die thätige Vernunft erreicht wird, welche unsere Seelen leitet." S. 381.

Bei einer solchen Vorstellung von der Erhebung des menschlichen Denkvermögens zur Intelligenz kann man als consequente Folgerung nur die Ansicht von Alexander finden, wonach das geistige Wesen im Menschen, obwohl ein Schauplatz von Phänomenen der absoluten Erkenntniss, doch wesentlich dem Gebiete des Materiellen, Wechselnden angehört. Gleichwohl hat Avicenna die Geistigkeit und substantielle Dauerhaftigkeit (Unsterblichkeit) der vernünftigen Seele — auch als Individuum aufgefasst — festgehalten.

Hierauf wird sich der Vorwurf der Inconsequenz und des Widerspruchs beziehen, welchen Averroes gegen Avicenna erhebt: „Die Anhänger der Theorie des Ibn Sina und Andrer (von gleicher Ansicht) stehen mit sich selbst im Widerspruche, freilich, ohne diesen Widerspruch zu merken, indem sie die Begriffe einerseits für ewig halten und doch andrerseits sie entstehen lassen, dann sie für Momente einer ewigen Materie halten, und annehmen, sie seien bald in der Potenz bald in der Wirklichkeit." [1])

Dieser Vorwurf kann sich kaum auf etwas anderes beziehen, als darauf, dass Avicenna zwar eine Art Weltvernunft annimmt, in welcher der ewige Grund aller wesenhaften Wahrheit zu suchen ist, aber doch zugleich der menschlichen Seele und somit auch den in ihr gebildeten Begriffen den Charakter der Ewigkeit vindiciren will.

Soviel ist gewiss, dass die individuelle Seele von Avicenna ganz anders aufgefasst wird, als von Averroes, welcher nur eine einzige Seelensubstanz in allen Menschen annimmt.

Avicenna sucht die Individualität zu retten. In verschiedenen Stellen seiner Schriften tritt er für die substantielle Geistigkeit der Seele und demzufolge für ihre Unsterblichkeit in die Schranken. (s. Beilage §. 22. 24, dann das Werk negàt, Römische Ausgabe II. S. 51.)

Doch bleibt bei alle dem dunkel, wie er unter der gottähnlichen Welt-Intelligenz eine vollkommen ausgerüstete, zu selbstständigem Denken bestimmte Intelligenz in der menschlichen Seele annehmen konnte.

Würden wir uns auf die Schrift de intelligentiis, so wie sie vorliegt, ganz verlassen können, so wäre nichts leichter, als die Nachweisung, dass Avicenna trotz seiner Hypothese von jener übermenschlichen Intelligenz, aus der alle Ideen strömen, doch im menschlichen Geiste selbst eine auf den Vorarbeiten des Verstandes erblühende Vernunft finde. Hier nämlich (f. 65 col. a) wird zuerst mit der grössten Deutlichkeit gesagt: Prima igitur creaturarum est intellectualis et est intelligentia, de qua est sermo apud philosophum in libro metaphys. et est omnibus creaturis melior et sapientior, quoniam ipsa omnium causas videt. f. 65 a.

Et scias, quod intelligentia est causa rerum quae exeunt ab illa; tamen non est causa illarum nisi per modum suum per quem intelligit eas. (col. 4 p. med.) . . . . Dann: Sequitur ut ostendamus verbis compendiosis qualiter causa prima est super omnem intellectum et rationem:

---

1) Cod. hebr. Monac. 281. f 235. ואולם וולחם (d. i. ausser Themistius) ומי ישחלך בדרך
בן סינא וזולתו הנה הם סותרים נפשיתהם במה שיניחו והם לא ירגישי שהם סותרים וזה
שהם יניחו עם הניחם כי אלו המושכלות נמצאות נצחיה שהם מתחדשות ושהם בעליה
היולי נצחי גם כן וזה שהם יורו שאלו המושכלות נמצאות פעם בה ופעם פעל

nec illuminator intellectus animae humanae aliquis nisi a lumine causae primae. (fol. 67 col. a.)

Hieran reiht sich nun eine Auseinandersetzung über die Entwicklung des intellectus materialis[1]) zum formalis und int. in habitu. Allein der Sprachgebrauch wird mit einemmale ein anderer, als der gewöhnlich bei Avicenna, auch nach den lateinischen Uebersetzungen, vorkommende. Es wird der intellectus der ratio entgegengesetzt und über sie erhoben; der intellectus in effectu sei: non rationis pars, sed terminus et perfectio rationis. (f. 67. b. oben.) Dieser Wechsel des Sprachgebrauchs flösst Argwohn gegen die Lauterkeit der Quelle ein.

Doch, so sehr durch diesen Umstand die Anwendbarkeit dieses Zeugnisses gestört ist, so sprechen doch zwei Gründe dafür, dass Avicenna mit der genannten Hypothese die gewöhnliche peripatetische Theorie vom menschlichen Geiste vereinigt festgehalten habe. Zunächst spricht der Umstand hiefür, dass sein Vorgänger Alfarabi mit der Voraussetzung einer Sternen-, Sphären- und Welt-Vernunft[2]), doch in der menschlichen Seele eine substanzielle Grundlage zur Ausbildung jener Intelligenz findet, die auf der Höhe des abstrakten Selbstbewusstseins angekommen, die absolute Intelligenz darstellen kann.[3]) Das lässt sich aus der Schrift de intelligentiis schliessen. Es geht aus einer Aeusserung in derselben Schrift hervor (69 a. p. med.), dass Alfarabi nicht bloss über der Seele, sondern auch in ihr einen intellectus agens annahm.

Damit war für Avicenna der Weg vorgezeichnet.

---

1) Dass unter intellectus materialis weder hier, noch irgendwo bei Avicenna ein sinnliches Wahrnehmen verstanden werde, bedarf kaum einer Erinnerung. هيولاني ὑλικός materialis wird nicht im physischen, sondern im metaphysischen Sinne genommen. Der Geist ist int. materialis, insofern er die Möglichkeit zum vollendeten Denken abstrakter Begriffe in sich trägt. واﻧﻤﺎ ﺳُﻤﻴﺖ ﻫﻴﻮﻻﻧﻴﺔ ﺗﺸﺒﻴﻬًﺎ ﻟﻬﺎ ﺑﺎﺳﺘﻌﺪاد اﻟﻬﻴﻮﻟﻰ اﻟﻰ (اﻛﺘﺴﺎب اﻟﻔﻌﻞ)
Cod. Rehm. 81. fol. 72. a. Für die Bezeichnung der Materie im Sinne von „Stoff", „Körperliches" wählen die Araber nicht das Fremdwort هيولى ὑλη, sondern ﻣﺎدة

2) f. 69 col. 3.

3) Intelligentia vero agens illius speciei est, cuius est intellectus adeptus. (fol. 69 col. a p. med. Vgl. f. 69. col. 3. p. med.)

Doch wollen wir auf diesen Umstand kein sehr grosses Gewicht legen; denn über Alfarabi's Ansicht lässt sich bei der Mangelhaftigkeit der Quellen noch zweifeln[1]). Dann ist bei aller Abhängigkeit von Alfarabi doch Avicenna selbstständig genug, um öfters sich von dessen Authorität frei zu machen.

Viel bedeutender ist die oben nachgewiesene peripatetische Terminologie, welche durch mehrere andere Stellen in der Weise unterstützt wird, dass nach Avicenna die vernünftige Seele nicht bloss der Schauplatz der Phänomene des Erkennens ist. Im Buche Negât (II. Th. c. VII. §. 9. Römische Ausgabe S. 81) sagt Ibn Sina von der vernünftigen Seele: „Der Vorzug, welcher der vernünftigen Seele ganz besonders eigen ist, besteht darin, dass sie eine Vernunft-Welt (عَالَمًا عَقْلِيًّا) wird, in dem in ihr die Form (Idee) des Alls und die begriffliche Harmonie des Alls eingezeichnet ist, so wie alles Gute, was im All ausströmt, angefangen vom Ursprung des Alls (den ersten Elementen) bis fort zu den edlen absoluten Geistes-Substanzen, dann zu den relativen Geistes-Substanzen[2]), der Gattung und Art nach (umfassend), was sich findet in den (stoffischen) Körpern und in den hohen (Himmels-)Körpern mitsamt ihren Kräften und Formen und so weiter und weiter, bis in ihr selbst vollendet wird die Gestalt des eigentlichen und ganzen Seins (وجود), worauf dann sie (die Begriffswelt) zu einer begriffenen Welt sich umkehrt (فَيُقَلَّبُ عَالَمًا معقولًا) welche der existirenden Welt gegenüber steht, wahrnehmend das absolut Schöne, das absolut Gute und die erlauchte Gottheit und sich mit ihr vereinigt und sich schmückt mit den Bildern ihrer Aehnlichkeit und auf ihren Bahnen schrankenlos vorgeht und aus ihrer (der Gottheit) Substanz hervorgeht."

Hier drückt sich Avicenna allerdings nicht mit jener Präcision aus, welche bei ähnlichen Fragen nöthig scheint; sein Commentator und

---

1) Aus einem Bruchstück, das Palkira (Cod. hebr. 402 f. 132 b.) aufbewahrt hat, lässt sich die gegentheilige Ansicht begründen und selbst das lateinische: non fuit autem in nobis anima antequam intelligeretur (de intell. f. 68 col. 3) lässt eine der substanziellen Geistigkeit der vernünftigen Seele keineswegs günstige Anschauung durchblicken. So drückt sich nur Derjenige aus, welcher den Geist für ein Phänomen, aber nicht für eine Substanz hält.
2) Die Ordnung sollte wohl die umgekehrte sein.

Censor Râzi würde auch hier sagen, es sei diess ein Kelâm schi'ri oder cha'tâbi (خطابى , شعرى كلام) rhetorische oder poetische Redeweise; indessen kann die Seele von Demjenigen nicht auf solche Art geschildert werden, welcher ihr ein immanentes, zu ihrem bleibenden Eigenthum sich gestaltendes Wissen abspricht.

Avicenna nimmt keine angebornen Ideen [1]) an, denn diese finden sich wesentlich nur im intell. agens; aber von diesem fliessen sie in die Seele.

Das Wissen fliesst aus der universellen Intelligenz, aber die individuelle Seele erstarkt allmälig so, dass sich in ihr die potentielle zu einer aktuellen Intelligenz auswächst. [2]) Das geschicht langsam und spät und erst dann, wenn die körperlichen Kräfte nachlassen; also erst etwa vom vierzigsten Jahre an (Omnium partium corporis debilitantur virtutes in fine aetatis juvenilis : quod fit circiter quadraginta annos. Haec autem virtus apprehendens intelligibilia plerumque non corrobatur nisi ultra hanc aetatem. lib. VI. p. V. cap. 2.)

Aber gerade darin liege ein Beweis für die Uebersinnlichkeit des intellectus. Diess gilt nicht sofast vom universellen, als vom individuellen. Von diesem gilt auch, was Avicenna nach der Abhandlung über intell. agens sagt. Er beantwortet hier die Frage: Qualiter intellectus innascitur in anima auf folgende Art. Sic anima rationalis cum conjungitur formis aliquo modo conjunctionis aptatur ad hoc ut contingant in ea ex luce intelligentiae agentis ipsae formae nudae ab omni permixtione : primum autem quod percipit de eis humanus intellectus est id quod de eis est essentiale et accidentale . . . Es wird also allerdings immer wieder davon ausgegangen, dass über dem menschlichen Geiste die Universalvernunft stehe, aus welcher der menschliche Geist immer mehr Licht an sich zieht, bis er ein vollendetes Gegenbild jener Vernunft wird. Die Universalien und Kategorien, wie die Verbindung derselben nach Aehnlichkeit und Ursächlichkeit bilden die Stufen, auf welchen der intellectus bis zu seiner höchsten Entwicklung hinaufsteigt (Das.). An und für sich erkennt der Geist alles auf einmal und voll-

---

1) Seine Widerlegung der angeblichen Ideen formulirt Albertus. de anima p. 164 f.
2) Vgl. indess Albert l. c.

kommen; dass dieses in der Wirklichkeit sich anders findet, kommt nicht von seiner Schwäche, sondern von der Verbindung mit dem Leibe. Intellectus autem cum apprehendit aliqua inter quae est prius et posterius : solet intelligere cum illis tempore necessario . non in tempore sed in momento . . . . Quod autem intellectus non potest formare ea quae sunt in ultimo intelligibilitatis et abstractionis a materia : hoc non habet ex aliquo quod sit in essentia illarum rerum : nec ex aliquo quod sit in natura intellectus : sed ex hoc quod anima impedita est in corpore et ex corpore. — .

Avicenna gibt nicht zu, dass ausser der unmittelbaren Berührung des Verstandes mit der absoluten Vernunft ein vermittelnder Einfluss, wie Vorstellung, Gedächtniss, Erfahrung und was diese in sich schliesst, nöthig sei.[1] „Die Wahrnehmung der Begriffe. findet durch die Seele vermittelst ihres Wesens ohne Mittelursachen (instrumenta آلة) statt; denn man begreift doch wohl, dass die durch Instrumente vermittelten Wirkungen nicht eintreten können, da die Zustände der Seele solchen Wirkungen widersprechen."

Damit schliesst er keineswegs die Bedeutung der vermittelnden Organe für die Vorbereitung der Seele zum Zustande des Denkens aus; ist aber dieser Zustand erreicht, so hört die Vorbereitung und mit ihr alles Instrumentale auf. Dann tritt das unmittelbare Wissen ein. Dieses ist zunächst nun ein Wissen der Seele von sich und ein Wissen davon, dass sie sei.[2] Wenn es ein anderes Wissen gibt, so muss es auch eine andere Quelle des Wissens geben.

Avicenna erklärt, dass er den Grundsatz, die Seele sei identisch mit den erkannten Dingen, nicht einmal verstehen könne. Illud autem quod dicitur quod ipsa anima fit ipsae res intellectae[3], impossibile est

---

[1] Der Beleg hiefür in Oyun-el-hikmeh, unten Beilage von §. 11 an. Vgl. Schahrastani S. 422 ff. und das Buch Negât, Röm. Ausgabe II S. 47 f. und Liber sextus p. V. c. 2

[2] Anima autem intelligit se ipsam et hoc quod intelligit se ipsam, facit eam intelligere se esse. Liber sextus f 45 col. 3. cap. VII.

[3] Das bekannte aristotelische: ἡ ψυχὴ τὰ ὄντα πώς ἐστι πάντα. De anima l. III. c. VIII. Treudel. p. 96. Zunächst scheint sich Ibn Sina gegen Alfarabi zu wenden. Vgl des letztern liber de intelligentiis. (fol. 68. col. 3. p. med.)

secundum me. Hoc enim intelligo quod dicitur quod una res fiat alia, neque intelligo qualiter hoc esse possit. Quicquid enim deponit unam formam et induit aliam, ipsum est cum prima forma aliquid, et cum secunda aliud. Primum verissime non fit secundum, nisi primum destruatur.

Wie mir scheint, will Avicenna hiemit den letzten Halt einer vermittelnden Berücksichtigung der Aussenwelt zum Zwecke des Erkennens beseitigen. Reines Denken beruht auf Wissen des Geistes von sich und nur auf diesem. Insofern ein Geist, der einen Anfang nahm, von einem absoluten Geiste unterschieden wird, muss das Wissen im ersteren sich als ein Erkennen des letzteren darstellen und darauf lenkt Avicenna hin. Er beendet seine Auseinandersetzung damit, dass er daran erinnert, wie schon das Lernen nichts anderes sei, als das Denkvermögen zur Verbindung mit der thätigen Vernunft empfänglich zu machen. Restat ergo ... ut discere non sit nisi acquirere perfectam aptitudinem conjungi se intelligentiae agenti, quousque fiat ex ea intellectus, qui est simplex, a quo emanent formae ordinatae mediante anima in cogitatione. Aptitudo autem quae praecedit discere (die dem Lernen vorangehende Denkfähigkeit) est imperfecta; postquam autem discitur est perfecta... Ipsa autem inspectio est conversio animae ad principium dans intellectum. Solet anima conjungi intelligentiae et emanat ab ea virtus intellectus simplicis, quum sequitur emanatio ordinandi ...

Cum autem anima liberabitur a corpore et ab accidentibus corporis, tunc poterit conjungi intelligentiae agenti et tunc inveniet in ea pulcritudinem intelligibilem et delectabilem perhennem. (liber sextus f. 46 col. 4 und fol. 47 col. 1 und 2.)

Bei einer solchen Auffassung des Erkennens als einer Art von Emanation der Begriffe aus einer über den Menschen stehenden Quelle musste es nahe liegen, die vom Koran gegebene Vorstellung von einer prophetischen Inspiration systematisch zu rechtfertigen. Es war nicht schwer, zu zeigen, dass es Propheten geben könne; schwerer war es, zu zeigen, wie es komme, dass nicht alle Menschen Propheten seien.

Avicenna hebt diese Schwierigkeit dadurch, dass er in einzelnen

Seelen eine solche Steigerung der genialen Vermuthung (حدس)[1]) annimmt, welche den Namen einer heiligen Kraft verdient (القوّة القدسية). Nachdem er (bei Schahrastani, ed. Cureton p. 418. Uebers. v. Haarbrücker II. S. 317) die Entwicklung des Erkennens bis zur Stufe der „geförderten Vernunft" verfolgt hat, fügt er bei: „Hier ist die Gränze der menschlichen Kraft . . . für die Menschen gibt es Stufen . . . Es ist demnach bald eine Vernunft von kräftigem Vorbereitetsein, so dass sie dabei, um zu der thätigen Vernunft zu gelangen, nicht viel von Führung und Unterweisung bedarf; dass sie gleichsam alles von selbst, ohne fremder Auktorität zu folgen, erkennt, aber durch eine Anordnung, welche gewisse Gränzen in sich enthält. Und sie schreitet darin vor, entweder mit einem Male in einer Zeit, oder zu verschiedenen Malen in verschiedenen Zeiten und das ist die heilige Kraft, welche von dem Geiste der Heiligkeit stammt, so dass von ihm auf sie alle Gedanken herabströmen, oder das, was er bei der Vollendung der handelnden Kraft bedarf. Die höchste Stufe davon ist aber die Prophetie."

Hierin hat sich Albertus, trotzdem dass er Ibn Sina's ausserseelischen intell. agens verwarf, angeschlossen, ohne jedoch seine Selbstständigkeit zu verläugnen.

Zwischen Ibn Sina und Albert tritt Maimonides, welcher in seinem religions-philosophischen Werke Moreh Nebochim das Wesen und den Ursprung der Prophetie rationell zu erklären sucht (l. II. c. 36 ff.). Er stützt sich übereinstimmend mit Avicenna hiebei auf die geistige Emanation aus dem Intell. agens[2]).

Albertus hat nun allerdings bei seiner Theorie von der Prophetie starken Gebrauch von Moreh Neb. gemacht, jedoch hätte bei der jüngst publicirten Nachweisung dieses Zusammenhangs[3]) nicht vergessen werden sollen, dass beiden Avicenna vorangieng und dass Albertus, obwohl im unmittelbaren Anschluss an den letztern, doch gerade in Hauptmomenten von beiden abweicht.

---

[1] Vgl. liber neg'ât, Römische Ausg. p. 47
[2] שכל הפעיל
[3] Vgl. die Abhandlung: Verhältniss Albert des Grossen zu Moses Maimonides von Dr. M Joel Breslau 1863.

Albert schliesst seine Auseinandersetzung über die höchste Stufe des Wissens mit den Worten: Patet igitur solutio quaestionis et omnium dubiorum. Mirabilis autem et optimus est iste status intellectus adepti: sic per eum enim homo fit similis quodammodo eo, deo quod potest operari sic divina et largiri sibi et aliis intellectus divinos et accipere omnia intellecta quodam modo .... Est autem sciendum, quod ille solus in veritate modus est, quo omnes homines naturaliter scire desiderant: quia isto solo modo homo est homo et operatur quae sunt hominis. Vide enim eos, qui sic intellectum non sunt adepti, si dicas aliquid de contemplabilibus, non intelligunt plus, quam bestiae quae in singularium semper remanent cognitione.

Hieraus wird nun als weitere Entwicklung die Prophetie abgeleitet.[1]) Oportet scire quod quidam nobiliores animae existentes quasi omnia quaerenda de philosophia quasi per seipsos facile intelligunt sicut dicebatur de Hippocrate et horum est intellectus sanctus vocatus a philosophis. Diese heilige Vernunft ist nichts Anderes als das, was Avicenna die heilige Kraft (القوة القدسية) nennt[2]), und mit dem oben berührten Moment des el hads in Verbindung bringt, wie Albertus die subtilitas und subita inventio medii termini damit verbindet. Er sagt: horum est intellectus sanctus vocatus a philosophis, eo quod plurimum possibilis eorum intellectus accedit ad verum intellectum qui est agens. Haec autem aptitudo vera vocatur subtilitas : ex adepto vero subita inventio medii termini, quod est causa quaesiti, vocatur solertia (ungefähr الحدس) qua una est virtutum intellectualium. Quando autem adeptus quasi totus est perfectio luminis agentis, ita quod per se facit intellecta, tunc ille proximus est ad cognoscendum futura ex praesentibus. Etiam illi frequenter efficiuntur prophetae : quando enim duo extrema habent conjungi per gradum, tunc multi gradus ex aptitudine naturae, quam ex speculatione medii inveniuntur : et secundum eorum diversitatem et nobilius et minus nobiliter conjunguntur extrema.

---

1) Ueber die bleibende Immanenz der Ideen streitet zwar Albertus mit Avicenna, nimmt aber dabei von ihm buchstäblich den Satz an: anima intellectualis est locus specierum universalium, wie wir oben sahen.
2) Ischârât f. 83 a. oben. Vgl. Schahrastani ed. Cureton p. 418 unten. Liber negât ed. Rom. p. 43.

Es ist klar, dass diese Ausgestaltung der Erkenntnisslehre zu einer Rechtfertigung der Prophetie im Interesse der Theologie unternommen wurde. Ob sich diese bei der Scholastik des Orients oder des Occidents für den wohlgemeinten Dienst zu bedanken habe, ist zweifelhaft. Gewiss ist, dass man bei wenigen Propheten auch nur den Versuch machen könnte, den Durchgang durch jenes Erkenntniss-Stadium nachzuweisen, welches die Schule intellectus adeptus nennt.

Die historische Wirklichkeit kann bei einer Theorie der Prophetie, welche der Theologie Frucht bringen soll, nicht umgangen werden.

Auch die Philosophie kann sich, soviel mag uns gestattet sein, als eigene Meinung auszusprechen, gegen das Reich der natürlichen und historischen Wirklichkeit nicht absperren. Es gereicht dem kräftigen Geiste des Albertus zur Ehre, dass er in seiner Theorie, wenigstens die Möglichkeit zu einem Vergleich mit dem berechtigten Realismus offen hielt. Die Kraft, mit welcher er der Erkenntnisstheorie der Araber gerade an den Wendepunkten eine eigene Richtung gab, ist um so mehr anzuerkennen, je höher die Authorität dieser arabischen Lehrer ihm stand. Wie schwach sind im Vergleiche damit die Gegengründe, welche Razi als gläubiger Muslim dem Avicenna entgegensetzt!

Man sieht diess zum Theil aus der Art, wie Râzi in dem folgenden Abschnitt des Oyûn el hikmet den Avicenna hofmeistert.[1)]

[1)] Die Abschrift ist grösstentheils von dem Benediktiner P. Petrus Hamp besorgt. Nur den Anfang habe ich copirt. Obwohl ich die Copie mit dem Original verglichen habe, blieben doch einige Stellen zweifelhaft; ich musste ein paar Mal zu einer Conjektur die Zuflucht nehmen, da ich bei der letzten Durchsicht das Original nicht mehr zur Hand hatte; so namentlich in §. 22, wo ich für ما ايها, was keinen Sinn gibt, انتهائها angenommen habe.

Beilage.

[Aus Oyûn-el-hikmet. Cod. Arab. Vindob. Mixt. 189 (1435)].

§. 1. (f. 129. b.).   الادراك اما ان يكون ادراكًا للجزئى او للكلى فان كان
ادراكًا للجزئى فاما ان يكون ادراكًا يتوقف على حصول المدرك فى الخارج او لا يتوقف
والاول هو الاحساس فانه عبارة عن ادراك هذا الشخص من حيث انه عو يشترط
ان يكون ذلك الشخص حاضرًا والثانى هو التخيل فانه يمكننا ان نتخيل صورة
زيد بعينه وان لم يكن زيد حاضرًا

واما ادراك الكلّى فهو ان يعقل (f. 130. a.)   الانسان من حيث انه انسان
مع قطع النظر عن جميع لواحقه وصفاته الزائدة عليه وهذا الادراك هو التجريد
ولقائل ان يقول هذه القوة العقليه التى زعمتم انها مجرّدة صورة جزئة مشخصة
حالّة فى نفس زيد الجزئة وتكون مقرونة اسائر الصفات القائمة بتلك النفس فكيف
زعمتم انها صورة كلية مجردة بل نقول القول باثبات الصورة المجردة محال فى العقول
لان ذلك المجرد اما ان يكون موجودًا او معدومًا فان كان موجودًا فاما فى الخارج
او فى الذهن والاول باطل لان كل ما كان موجودًا فى الخارج فيو شخص معين
فلا يكون مجردًا والثانى باطل لان كل ما حصل فى ذهن معين فيو صورة شخصية
حالّة فى نفس معينة فلا يكون مجردًا واما ان كان معدومًا فالمعدوم نفى محض
وعلم صرف فيمتنع وصفه بكونه مجردًا وبكونه مشتركاً فيه لا يقال المراد من قولنا
ان الصورة الذهنية كلية انا لو حذفنا شخصيتها وكونها فى الذهن فان تلك
الماهية من حيث هى هى منطبقة على ماهية جميع الاشخاص الخارجية لانا نقول
اذا قنعتم بهذا القدر فلم لم تقولوا بان الشخص المعين الموجود فى الاعيان

امر كلى بمعنى انا لو حذفنا شخصيتها وكونها فى الاعيان لكانت تلك الماهية منطبقة على ماهية جميع الاشخاص الذهنية والخارجية
§. 2.   قال الشيخ الشىء فى الانسان الذى يصير عنه عذه الاثعال يسمى نفساً ناطقةً وله (لها 1.) قوتان احدهما معدّة نحو العمل ووجهها الى البدن وبها تميز بين ما ينبغى ان يفعل وبين ما لا ينبغى ان يُفْعَل وما يحسن ويقبح فى الامور الجزئية ويقال له العقل العملى ويستكمل فى الناس بالتجارب والعادات قال الامام المراد ان النفس الناطقة له (لها) قوتان احدهما عملية وهى التى باعتبارها تمكن من تدبير البدن قال وبهذه القوة يميز الانسان بين ما ينبغى ان يفعل وبين ما لا ينبغى ان يفعل وما يحسن ويقبح فى الامور الجزئية وهذا الكلام قد ذكره فيما تقدم فهو مكرر وقد ذكرنا عليه أن هذا التمييز بين ما ينبغى وبين ما لا ينبغى وبين ما يحسن ويقبح وامّا ان يكون على وجه كلى او على وجه جزى فان كان الاول فهذا داخل فى الادراكات الكلية وهى القوة النظرية وان كان على وجه جزى لزم كون النفس مدركة للجزيات وذلك عنده باطل ولجيب ان يجيب فنقول هذه الادراكات كلها كلية الا ان بعضها يكون ادراكا لما وجوده باختيارنا وفعلنا وهذا النوع من الادراك مسمّى بالقوة العملية
f. 130. b.   وبعضه يكون ادراكا لما وجوده لا يكون باختيارنا وفعلنا وهذه النوع من الادراك مسمّى بالقوة النظرية
§. 3.   قــال الشيخ والثانية معدّة نحو النظر والفعل الخاص بالنفس ووجهها الى فون وبها تنال الفيض الالهى وهذه القوة قد تكون بالقوة لم تعقل شئا ولم تتصور بل هى مستعدّة لان تعقل المعقولات وهذا يسمّى العقل بالقوة والعقل الهيولانى وقد تكون مرّة اخرى اخرج منها الى الفعل وذلك بان تحصل للنفس المعقولات الاوّل (الاولى) على نحو الحصول للذى نذكره وهذا يسمّى العقل بالملكة ودرجة ثالثة وهى ان تحصل للنفس المعقولات المكتسبة فتحصل للنفس عقلٌ بالفعل ونفس تلك المعقولات تسمى عقلاً مستفاداً
§. 4.   قــال الامام هذا هو الكلام فى تفصيل احوال القوة النظرية التى للنفس الناطقة واعلم انها قابلة للعلوم والمعارف ثم هذا على اربعة مراتب فالمرتبة الاولى تكون النفس خالية عن جميع المعارف البدهية والكسبية والنفس متى كانت فى

هذه الدرجة فانها تسمى عقلًا هيولانيًا والمرتبة الثانية ان تحصل ليا العلوم البديهية والعلوم المستفادة من الحواس والتجارب والنفس متى كانت فى عذه الدرجة فانها تسمى عقلًا بالملكة وذلك لان حصول عذه العلوم البدهية يفيد النفس قدرة على ان تتوصل به بتركيبها الى اكتساب العلوم النظرية المرتبة الثالثه ان تكتسب عذه العلوم الفكرية الا انها تكون حاضرة بالفعل ولكنها يكون بحيث متى شاء الانسان ان يستحضرها وتقدر على ذلك والنفس متى كانت فى عذه الدرجة فانها تسمى عقلًا بالفعل والشيخ امهل ذكر عذه المرتبة فى عذا الباب والمرتبة الرابعة ان تكون تلك العلوم والمعارف حاضرة حاصلة بالفعل والانسان يشاعدها وينظر اليها بعين عقله والنفس متى كانت فى عذه المرتبة فانه يسمى عقلًا مستفادًا

§ . 5. قـــال الشيخ ولان كلّ ما يخرج من القوة الى الفعل فانما يخرج بشى يفيد تلك الصورة فاذًا العقل بالقوة انما يصير عقلًا بالفعل بسبب تفيده (يفيده .l) المعقولات ويتصل به اثره وعذا الشى هو الذى يفعل العقل فينا وليس شى من الاجسام بهذه الصفة فاذا عذا الشى عقل بالفعل وفعال فينا فيسمى عقلًا فعّالًا

§ . 6. قـــال الامام المقصود من هذا الفصل اثبات العقل بالفعل والدليل على وجوده ان هذه النفوس الناطقة كانت فى اول الامر خالية من المعارف والعلوم فاذا حصل فيها هذه المعارف والعلوم بعد ان لم تكن حاصلة فلا بدّ لحصولها من سبب وعذه المقدمة حقه لان حدوث الشى بعد ما لم يكن لا بدّ له من سبب فاما ان ذلك السبب يجب ان fol. 131. a. يكون عقلا بالفعل فهذا يظهر انما اذا قيل ان ذلك السبب امّا ان يكون جسمًا او حالًا فى الجسم او لا جسمًا ولا حالًا فى الجسم والقسمان باطلان فبقى الثالث ثم نقول ذلك الموجود والمجرد الذى لاجله تصير عذه النفوس عالمة بعد ان كانت جاهلة لا يجوز ان يكون عو الله سبحانه تعالى بل يجب ان يكون غيره وذلك الغير انما يمكن ان يوثر فى تصيير الشى (؟ النفس) عالمة بعد ان كانت جاهلة لوكان هو فى نفسه عالما بحقائق الاشيا عالما لازما لذاته باقيًا بيقآ وجوده ثم نقول ذلك الغير يجب ان يكون شيأ واحدًا لا غير فعند اثبات جميع

هذه المقدمات يظهرُ اثباتُ ان ذلك الشى يكون عقلًا بالفعل فى ذاته فيثبت انه
هو الذى يصيّر نفوسنا عالمة بالفعل فكان ذلك الشى عقلًا فعّالًا ويكون هذا العقل
الفعّال واحدًا

§. 7. والشيخ لم يثبت شيئًا من هذه المقدمات ولم يقرر واحدة منها
بشبيهة فضلًا عن حجة فكيف يمكنه اثبات هذا الشى الذى سماه بالعقل الفعّال
ومن الناس من قال لا يجوز ان يكون المؤثر فى حصول هذه المعارف والعلوم هو
الجسم لان الجسم ادون حالا من النفس والادون لا يكون سببًا لحصول صفة الكمال
لما هو اشرف منه فيثبت ان المؤثر فى حصول هذه المعارف والعلوم ليس هو الجسم
ولا يجوز ان يكون شيئا حالا فى الجسم لان الحال فى الجسم اخسّ حالًا من الجسم
فلما لم يصلح الجسم لهذا الافادة فبان لا يصلح العرض الحال فى الجسم لهذه
الافادة كان ذلك اول ثبت ان مفيد هذه العلوم والمعارف موجود ليس بجسم ولا
بجسمانى ثم نقول ذلك الشى ان يكون هو الله سبحانه او غيره والاول باطل لانه
يقال واحد والواحد لا يصدر عنه الا الواحد فثبت ان ذلك الشى موجود غير الله
ثم نقول ذلك الشى يجب ان يكون مقصودًا للاشياء ومصدقًا بها اذا كان حاضرًا
بالفعل لان كل كمال يحصل من شى لشى فحصول ذلك الكمال لذلك المفيد اول
من حصوله لذلك المستفيد فذلك الموجود الذى هو للعلة بحصول هذه المعارف
والعلوم فى نفوسنا يجب ان يكون هو اول ان يكون موصوفا بهذا الكلام ثم نقول
لا يجوز ان يكون مبدا حدوث هذه العلوم والمعارف لبعض النفوس شيئًا والمبدا
لحصولها لطايفة اخرى من النفوس شيئًا اخر وذلك لان الجوهر الواحد كان فى ذلك
فلا حاجة الى هذا التكثير فهذا ما يمكن ان يقال فى تقرير هذه المقدمات

§. 8. واعلم ان هذه الكلمات بعد ضم هذه الزيادات اليها فى غاية الضعف
اما الكلام المبنى على الخسّة والشرف فقد عرفت انه ليس فى غاية القوة واما قوله
لا يجوز ان يكون المؤثر فى حصول هذه المعارف هو الله تعالى لانه واحد
والواحد لا يصدر عنه الا الواحد فنقول والعقل الفعّال موجود
واحد فى ذاته فكيف تصير عنه هذه المعارف التى لا نهاية ليا فى النفوس التى
لا نهاية لها فان قالوا الصادر عنه انما هو الوجود والوجود شى واحد فى نفسه وانما
يتعدد بحسب تعدد الماهيات فنقول هذا بنآ على ان تاثير العلة الفاعلة فى وجود

المعلول لا فى ماهيته وقد ابطلنا ذلك فى سائر الكتب ثم ان سلمنا ذلك لكنا نقول فاذا جوزتم ذلك فلم لا تجوزوا ان يقال الصادر عن المبدا الاول سبحانه وتعالى هو الوجود فقط واما تعدد الوجودات فانما يكون يجب تعدد الماهيات والقوابل (والقوابل) ثم ان سلمنا ان مبدا هذه المعارف وجود مجرّد غير الله تعالى فلم قلتم ان ذلك الموجود يجب ان يكون مدركًا للحقائق وعالمًا بها قوله علّه الكمال اول بذلك الكمال قلنا هذا الكلام خطابى وذلك لانه ليس كلما كان علّة لشى فانه يكون موصوفًا بذلك المعلول الاثرى ان الحركة علّة للمحونة ثم انها غير موصوفة بالمحونة والشمس متخنة وانها غير متخنة فى نفسها وايضا فالعقل الفعال عندما مبدا لحدوث جميع الالوان والاشكال والاعراض القائمة بالاجسام ومبدا ايضا لحدوث الصور الجسمية والصور النوعية فى المواد ثم ان هذا العقل غير موصوف بشى من ذلك البتة فلم لا يجوز ان يكون مبدا لحصول عدد المعارف وان لم يكن موصوفًا بشى منها ثم ان سلمنا ان الامر على ما قالوا لكن لم يجوز ان العقل الفعال لكل نفس جوهرًا اخر على حدة او يكون العقل الفعال لطائفة من النفوس جوهرًا والعقل الفعال لطائفة من النفوس جوهرًا اخر على ما كان يقوله اصحاب الطلسمات ويسمون ذلك الجوهر بالطبع التام وزعموا ان النفوس الحادثه من هذا الجوهر الواحد المستكملة بتكميل ذلك الجوهر يكون بينها نوع مشاكلة ومجانسة فى الاخلاق والعادات والعلوم وتكون النفوس كالاخوة ويكون ذلك الجوهر المفارق كالاب لها وهو الذى يهديها الى مصالحها فى اليقطة على سبيل الالهامات وفى النوم على سبيل الرويا

§. 9. قـــال الشيخ وقياسه عقولنا قياس الشمس من ابصارنا فكما ان الشمس تشرق على المبصرات فتوصلها بالبصر كذلك اثر العقل يشرق على المتخيلات فيقبلها بالتجريد عن عوارض المادة معقولات فيوصلها بانفسنا

§. 10. قــال الامام ان المقصود من هذا الفصل كلام شعرى وذلك لانه زعم انه كما ان الشمس هو النير الاعظم فى العالم الجسمانى وبسبب فيضان الاضواء والانوار عنها على محسوسات هذا العالم تقوى الابصار الظاهرة على ادراكها وجب ان يكون ايضا فى العالم الروحانى شى نسبته الى ذلك العالم نسبة الشمس الى ذلك العالم

fol. 132. a.   فاذا وقعت اضواءها على المدركات الروحانية وعلى القوى المدركة
الروحانية ثوّيت القوى المدركة الروحانية بواسطة تلك الاضواء الروحانية على ادراك
المدركات الروحانية وهذا الكلام مع كونه شعريًا هو اقوى من ذلك الذي ذكره في
معرض البرهان لكن هيهنا شى وهو ان النيّر الاعظم وان كان هو الشمس لكن
حصل في الفلك الجسماني مع هذا النيّر الاعظم نيّرات اخرى وبسبب اختلاط انوار
هذه النيرات بانوار النيّر الاعظم تختلف الاثار والافعال فكذلك قد حصل في ذلك
العالم الروحاني مع ذلك النير الاعظم الروحاني نيرات اخرى روحانية وبالجملة
فامثال هذه الكلمات ظنون وحسبانات والعالم بحقائقها هو الله سبحانه وتعالى

§. 11.   قـــال الشيخ: ان ادراك المعقولات شى لنفس بذاته من دون الة
لانك قد علمت ان الافعال التى بالالة كيف ينبغى ان تكون وتجد احوال النفس
مخالفة لها

§. 12.   قال الامام هذا هو الحجة الاولى على ان محل الادراكات العقلية جوهر
مجرد عن المادة قايم بالنفس وتقريرد ان القوة العقليه غنيّة فى فعلها عن المادة
وكل ما كان غنيًا فى فعله عن المادة يجب ان يكون غنيًا فى ذاته عن المادة
ينتج ان القوة العقليه غنية فى ذاتها عن المادة امّا الصغرى وهى ان القوة العقلية
غنيّة فى فعلها عن المادة فالذى يدل عليه انها تدرك ذاتها وتدرك ادراكها اذانها
وتدرك التيا ومن المحال ان يكون بينها وبين ذاتها الة او بينها وبين ادراكها
لذاتها الة او بينها وبين التها الة اخرى ثبت ان هذه القوة غنيّة عن المادة فى
هذه الافعال وامّا الكبرى وهى ان كل ما كان غنيًا فى فعله عن المادة كان غنيًا
فى ذاته عن المادة فتقريرد ان الموجدية جزء من الموجدية ومتى كان احد اجزا
المركب مفتقرا الى شى كان ذلك الشى المركب مفتقرا اليه فظهر انها لو كانت
مفتقرة فى موجديتها الى المادة كانت مفتقرة فى موجديتها (موجديتها؟) الى المادة
لكنها فى موجديتها غير مفتقرة الى المادة فهى موجديتها غير مفتقرة الى المادة
ولقائل ان يقول الاعتراض على هذه الطريقة قد تقدم فلا فائدة فى الاعادة

§. 13.   قـــال الشيخ: ولو كانت تعقل بالالة لكان لا تعقل الالة الا دايمًا
لانه لم يخل اما ان تعقل الالة لحصول صورة الالة او لحصول صورة اخرى وبحال ان
يعقل الشى بصورة شى اخر فاذا تعقل بصورته فاذًا يجب ان تحصل صورته وحصول

صورته لا يخلو من وجود اما ان تحصل الصورة فى نفس النفس مباينة للالة او تحصل الصورة فى نفس الالة او تحصل الصورة فيها جميعًا فان كانت الصورة تحصل فى النفس وهى مباينة فلها فعل خاص لانها قد تبتت الصورة من غير ان حلت تلك الصورة معها فى الالة وان كان حصول الصورة فى الالة فيجب ان يكون العلم بها دايمًا اذ كان العلم لحصول الصورة فى الالة وان كان حصولها فى كليهما فبهذا على وجهين احدهما ان يكون اذا حصل فى ايهما كان حصل فى الاخر لمقارنة الذاتين فيجب ان يكون اذا كانت صورتها فى الالة ان تكون ايضًا فى النفس اذا كانت لمقارنة الذاتين فيكون حينيذ العلم يجب ان يكون دايمًا او يكون يحتاج ان تحصل صورة اخرى من الراس فتتكون من الالة صورتان مرتين وحال ان تكثر الصور الا بموادها واعراضها فاذا كانت المادة واحدة والاعراض واحدة لم تكن هناك صورتان فلا يكون بينها فرق بوجه من الوجود فلا ينبغى ان يكون احدهما معقولًا دون الاخر وان سلمنا وقلنا ان الصورة وحدها لا تتهيأ ان تكون معقولة ما لم يجد صورة اخرى فلا بد من ان نقول حينيذ ان كل واحدة من الصورتين معقولة فاذًا لا يمكن ان تعقل الالة الا مرتين ولا يمكن ان تعقل مرة واحدة وان كان شرط حصول الصورتين فيها ليس على سبيل الشركة بل على سبيل ان تحصل فى كل واحد منهما صورة ليست هى بالعدد التى هى فى الاخرى رجع الكلام الى ان للنفس بانفرادها صورة وقوامًا فقد بان من هذا ان للنفس انفعالًا خاصة وتبولًا للصورة المعقولة لا ينطبع تلك الصورة فى الجسم فيكون جوهر النفس بانفراده محلّا لتلك الصورة

§. 14. قال الامام هذا هو الحجة الثانية على تقرير هذا المطلوب ولقد جات هذه الحجة بعبارات غامضة وتقسيمات طويلة لا فائدة فى تتبعها وانا احدرها على الوجه الحخص الذى ذكره فى ساير كتبه فنقول لو كانت القوة العقلية حالة فى الة لوجب ان يكون واجب الادراك لتلك الالة دايمًا او ممتنع الادراك لها دايمًا والقسمان باطلان فبطل القول بكون القوة العقلية حالة فى الة جسمانية بيان الملازمة انه قد ثبت ان ادراك الشى عبارة عن مجرد حضور ماهيته عند القوة المدركة فعلى هذا يكون ادراك القوة العقلية لالتها عبارة عن حضور صورة تلك الالة عندها فتلك الصورة اما ان تكون هى نفس الصورة القايمة بتلك الالة او

صورة اخرى مغايرة بالعدد مساوية لها فى الماهية وهذا القسم الثانى باطل لان تلك الصورة اذا كانت حاصلة فى القوة العاقلة وكانت القوة العاقلة حاصلة فى تلك الالة الموصوفة بتلك الصورة فحينئذ تجتمع صورتان متماثلتان فى مادة واحدة وذلك محال لما ثبت بالدليل انه يمتنع اجتماع المثلين (المِثْلَيْنِ) فثبت ان كون القوة المدركة مدركة لالتها ويمتنع ان تكون صورة اخرى واذا ثبت هذا فنقول لو كان ادراك تلك الصورة ممكنًا لكان ذلك الادراك عبارة عن نفس حضور صورة تلك الالة فيجب ان يقال ان تلك الصورة متى كانت باقية يجب ان يكون ادراكها باقيًا وان كانت تلك الصورة غير كافية وثبت انه يمتنع حضور صورة اخرى فحينئذ يلزم ان يكون كون تلك القوة مدركة لتلك الصور امرًا ممتنع لذاته فثبت بما ذكرنا ان القوة العقلية لو كانت حالة فى الة لزم ان تكون واجبة الادراك لتلك الالة دايمًا او ممتنعة الادراك لها دايمًا واما ان ذلك باطل فظاهر فانا قد نعقل القلب والدماغ فى بعض الاوقات دون البعض واذا ثبت ان هذا الثانى باطل لزم القطع بان القوة العقلية ليست حالة فى شى من الالات هذا تقرير هذا البرهان ولقائل ان يقول هذا بناء على ان الادراك عبارة عن مجرد حضور ماهية عند ماهية اخرى وذلك باطل لوجوه الحجة الاولى انه لوكان الامر كذلك لزم كون الجمادات عالمة بالصفات القايمة بها وذلك لا يقوله عاقل فان قالوا نحن لا نقول ان مجرد حضور شى عند شى يكون ادراكًا بل نقول حضور المدرك عند المدرك هو الادراك فنقول اذا كان الادراك عبارة عن نفس الحضور كان المدرك عبارة عن الشى الذى حضر عنده شى اخر فكان المدرك عين الشى الذى حضر هو عند شى اخر وحينئذٍ يعود الالزام المذكور وان كان المدرك عبارةً لا عن الشى الذى حضر عند شى اخر فحينئذ قولنا الادراك عبارة عن الشى الذى حضر عنده شى اخر فحينئذ يبطل قولنا الادراك عبارة عن مجرد الحضور بل يكون الادراك عبارة عن حالة نسبية اضافية تحصل بين المدرِك والمدرَك وعلى هذا التقدير فانه يسقط هذا الدليل بالكلية فانه يقال لم لا يجوز ان يقال القوة المدركة حالة فى قلب او دماغ ثم ان حدث بينها وبين تلك الالة تلك الحالة الاضافية المسماة بالادراك فهناك يحدث الشعور والادراك وان لم تحدث تلك الحالة الاضافية لم يحصل الشعور والادراك فهينا تكون القوة العقلية قد تصير عالمة بتلك الالة بعد ان

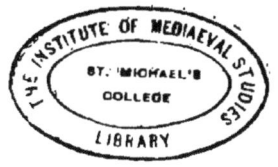

لم يكن كذلك لا بسبب حدوث صورة اخرى مساوية لها فيها بل بسبب حدوث تلك الحالة المسماة بلاضافة الشعور . الحجة الثانية على فساد هذا الكلام انه لو كان الادراك عبارة عن حضور ماهية المدرك فى المدرك لكنا اذا عقلنا السماء فقد حضر فى عقلنا ماهية مساوية لماهية السماء من جميع الوجوه وذلك لا يقوله عاقل فان الاثر الحادث فى الذهن عرض لا يحس ولا يمس ولا يشم ولا يلبس فكيف يجوز العاقل ان يقول ان ذلك العرض الضعيف مساوى للسماء فى تمام الماهية بل هاهنا ما هو ازيد منه وهو انا اذا عقلنا ان السواد ضد البياض فوجب ان تحصل السواد والبياض فى الذهن وذلك يسمى الجمع بين الضدين فاذا عقلنا الطويل والعريض والعميق والاستقامة والاستدارة لكان قد حصل الطول والعرض fol. 133. b. والعمق والاستقامة والاستدارة فى الذهن فيلزم كون الذهن طويلًا عريضًا عميقًا مستقيمًا مستديرًا وذلك لا يقوله عاقل بل عينها ما هو ازيد منه وهو انا اذا تصورنا واجب الوجود فيلزم ان يكون الاثر الحاصل فى الذهن مساويًا لواجب الوجود فى تمام الماهية وفى كونه ازليًا ابديًا فانما بالنفس مبدأ لجميع الممكنات وذلك لا يقوله الا مجنون لا يقال انا اذا علمنا شيئًا كان العلم مساويًا لذلك المعلوم بل نقول العلم الحاصل فى الذهن يكون متعلقًا بذلك المعلوم لانا نقول اذا سلمتم ان العلم بشى لا يكون مساويًا لذلك المعلوم فى تمام الماهية حينئذ لا يلزم من ضرورة القوة المدركة عائمة بالالة بعد ان لم يكن عالمة بها ان يكون الاثر الحادث امرًا مساويًا لماهية الالة وحينئذ لا يلزم اجتماع المثلين وعلى هذا الطريق يسقط ذلك الدليل بالكلية . الحجة الثالثة ان صور المحسوسات عندكم حاضرة فى الخيال وادراكها غير حاصل للخيال وهذا ينتج قطعًا ان بحصول الصور امر مغاير لادراكها وان ادراكها مغاير لصورها وايضًا فقد نقلنا ان الشيخ نص على ان صور المرتبات ترتسم فى الجليديتين ثم ان القوة المدركة غير حاصلة عنك بل انما حصلت القوة المدركة عند ملتقى العصبية فلما حصل (ارتسام .marg) الاشباح عند الجليديتين ولم يحصل ادراكها هناك علمنا ان الادراك امر مغاير لنفس هذا الارتسام بل التحقيق ان الادراك والشعور عبارة عن حالة نسبية اخرانية(؟) تحصل بين المدرك والمدرك ومتى ثبت ذلك فقد سقط الدليل بالكلية

§. 15. قال الامام كان الاول هولاء الاذكيا ان يصونوا عقولهم عن تعويل

على مثل هذه المقدمة فان ركاكتها اظهر من ان تخفى على عاقل سلمنا ان الادراك عبارة عن حضور صورة المدرك فى المدرك فلم لا يجوز ان يقال ان القوة العاقلة اذا ادركت انتها محدودث ذلك الادراكات انما كان لاجل انه حدثت صورة مساوية لالتها فيها اما قوله بانه يلزم منه اجتماع المثلين فنقول هنا باطل وذلك لان الصورة الاصلية الموجودة فى الالة جارية مجرى الحل للقوة العاقلة وهذه الصورة الحادثة عند حدوث هذا الادراك جارية مجرى الحال فى القوة العاقلة واذا حصل الامتياز بهذا المعنى لم يلزم من حدوث هذه الصورة فى القوة العاقلة ارتفاع المغايرة بين هذين المثلين فثبت ان الذى قاله ضعيف

§. 16.   قال الشيخ ومما يوضح هذا ان الصورة المعقولة لو حلّت جسمًا او قوة فى جسم لكان يحتمل الانقسام فكان الامر الوحدانى لا يعقل

§. 17. fol. 134. a.   قال الامام هذا هو الحجة الثالثة على ان القوة العاقلة غير حالة فى شى من الاجسام وتقرير ان ههنا معقولات لا تقبل القسمة فيكون تعقلها لا يقبل القسمة فيكون الموصوف بذلك التعقل غير قابل للقسمة وكل جسم وكل حال فى الجسم فانه قابل للقسمة ينتج ان الموصوف بذلك التعقل غير جسم وغير حال فى جسم فيهذه مقدمات اربعة لا بدّ من انتهايها (انتباهها) اما المقدمة الاولى وهى فى بيان ان ههنا معقولات لا تقبل القسمة فالذى يدلّ على صحتها وجهان لنقول انه ثبت بالبرهان ان ذات الاله سبحانه لا يقبل القسمة وثبت ان الوحدة والنقط لا تقبل القسمة الثانى لا شكّ ان ههنا ماهيات فهى اما ان تكون بسيطة او مركبة فان كانت بسيطة فذلك البسيط غير قابل للقسمة لا محالة وان كانت مركبة فالمركب انما يتركب عن البسائط فلا بدّ من الاعتراف بالبسيط الذى لا يقبل القسمة على كل حال اما المقدمة الثانية وهى فى بيان ان العلم بما لا ينقسم لا يكون منقسمًا فالذى يدلّ عليه انه لو انقسم ذلك العلم لكان احد جزء ذلك العلم اما ان يكون علمًا بذلك المعلوم فيكون جزء العلم عبارة عن تمام ذلك العلم وهو محال او يكون علمًا بجزء من اجزاء ذلك المعلوم وهو ايضًا محال لانا فرضنا ان هذا المعلوم لا جزء له او لا يكون علمًا بذلك المعلوم ولا بجزٍ من اجزايه واذا كان كل واحد من اجزا ذلك العلم هاذى(؟)هوايي(؟) فعند اجتماع تلك الاجزا اما ان لا تحدث هيئة زايدة محينئذ يكون مجموع ذلك العلم لا يكون علمًا بذلك المعلوم او بحدوث

هيئة زايدة فتلك الهيئة الزايدة ان كانت منقسمة عاد التقسيم المذكور وان كانت غير منقسمة فيكون هذا اعترافًا بان العلم بذلك المعلوم الغير المنقسم يجب ان يكون غير منقسم واما المقدمة الثالثة وهى ببيان ان العلم اذا لم يكن منقسمًا كان الموصوف بذلك العلم غير منقسم لانه لو كان منقسمًا لكان الحال فى احد جزيه ان كان بعينه حالًا فى الجزء الاخر لزم كون العرض الواحد حالًا فى محلتين وهو محال وان كان الحال فى احد جزيه مغايرا للحال فى الجزء الاخر حينيذ لزم كون تلك الصفة منقسمة وقد فرضنا انها غير منقسمة فثبت ان الموصوف بذلك العلم الغير المنقسم يجب ان يكون غير منقسم واما المقدمة الرابعة وهى ببيان ان كل جسم منقسم فهذا مبنى على معنى الجوهر الفرد وقد سبق تقرير هذه المسلة هذا تمام تقرير هذه الحجة على اقوى الوجوه ولقائل ان يقول لا نسلم ان القول بالجوهر الفرد باطل على ما سبق تقريره ثم نقول لا شك ان النقطة غير قابلة للقسمة فهى ان كان جوهرا فقد ثبت الجوهر الفرد وان كانت عرضا فمحلها محل حلها ان كان غير منقسم فقد ثبت الجوهر الفرد وان كان منقسمًا فقد حصل منه قيام ما لا ينقسم بالمنقسم جايز وحينيذ يتعلل هذا الدليل وايضًا فهذا يشكل f. 134. b. بالوحدة فانها عرض غير قابل للقسمة مع انها حالة فى المادة الجسمانية وايضاً فان الاضافات اعراض موجودة عند الحكما مع انها لا تقبل القسمة فانه لا يصح ان يقال قام بنصف الاب نصف الابوة وثلثه ثلث الابوة وايضا فالوجود صفة قايمة بالمادة الجسمانية فلو لزم من انقسام الحل انقسام الحال لزم ان يقال حصل للوحدة نصف وثلث وساير الاجزا وهو محال وايضا فالجسم البسيط يكون فى نفسه واحدًا كما انه عند الحس واحد فاذا حل فيه عرض لا ينقسم فليس عناك اجزا لذلك الجسم واذا لم يحصل له شى من الاجزا امتنع ان يقال الحال فى احد الجزين اما ان يكون عين الحال فى الجزء الثانى او غيره فيهذا جملة الكل هو فى هذه الحجة تقريرًا او اعتراضًا.

§. 18. قال الشيخ وليس يلزم من هذا ان المركب يجب ان لا يعقل بما لا ينقسم وذلك لان الوحدة الموضوع لا يمنع كثرة الحمولات لكن كثرة الموضوع واجب كثرة الحمولات . قال الامام هذا سوال اورده على نفسه وتقريرة انه اذا كان كون الحل منقسمًا يمنع من ان يتصف بصفة غير منقسمة لزم ان يقال ان كون

الحل مفردًا يمنع من ان يتصف بالصفات الكثيرة واجاب عنه بجواب صحيح وهو انه لا امتناع فى اتصاف الموصوف الواحد بالصفات الكثيرة اما يمتنع اتصاف الحال الكثيرة بالصفة الواحدة فظهر الفرق قال الشيخ وايضا المعنى المنقسم فى نفسه اذا حلّ جسمًا وعرض له الانقسام لا يخلوا اما ان يودّى القسمة الى الانفصال الى تلك المعانى او لا يودى فان كان يودى يعرض منه محالات من ذلك ان يكون تغير وضع القسمة موجبًا لغير وضع المعنى فيه وذلك ان يحتمل المعنى الانقسام الى مبادى معقولة غير متناهية ومن ذلك ان يكون من حيث انه واحد غير معقول لانه من حيث هو واحد غير منقسم واجزا الحد ليس يكون فيها الوحدة بالاجتماع بل وحدة اتحاد طبيعة واحدة فمن حيث هو ذلك الواحد معقول ومن حيث هو ذلك الواحد غير منقسم فمن حيث هو ذلك المعقول غير منقسم ومن حيث يكون فى الجسم منقسم فاذا هو ليس من حيث هو معقول فى الجسم البتة

§. 19. قال الامام اعلم انا فى الفصل المتقدم بيّنا انه متى كان المعقول ماهية غير قابلة للقسمة فان القوة العاقلة لها يمتنع ان تكون جسمانية واما فى هذا الفصل فالمقصود بيان ان المعقول وان كان فى ماهيته مركبًا فانه يمتنع كونه حالًا فى الجسم واعلم ان هذا الكلام مبنى على مقدمتين احديها ان تعقل الشى لا يحصل الا عند حصول صورة مساوية لماهية المعقول فانا على هذا التقدير نقول انا اذا عقلنا fol. 135. a. ماهية مركبة عن الاجزا فان هذه الصورة العقلية اما ان تكون مركبة عن البسايط التى منها تركبت ماهية ذلك المعقول وثانيها ان الحال فى الجسم يجب ان يكون منقسمًا واذا ثبت عذان المقدمتان فنقول اذا عقلنا ماهية مركبة من بسايط كانت هذه الصورة العقلية مركبة عن تلك البسايط ثم انّ هذه الصورة العقلية اذا كانت حالة فى الجسم انقسمت هذه الصورة بحسب انقسام محلّها وحينيذٍ نقول اما ان يكون الانقسام الحاصل بسبب اجزا الماهية مطابقا للانقسام الحاصل بسبب انقسام المحل بمعنى انه يحصل فى كل جزء من اجزا المحل جزء من اجزا القوام واما ان لا يكون كذلك وهذا التقسيم الذى ذكرناه هو المراد من قوله لا يخلو ان يودّى القسمة الى الانفصال الى تلك المعانى او لا يودّى اما ان تكون القسمة الحاصلة بسبب انقسام المحل مودية الى الانقسام الحاصل بسبب اجزا القوام او لا يكون فاما القسم الاول وهو كونها مودية

اليه فهذا قد ابطله من ثلثة اوجه فالاول انه اذا حصلت الانقسامات الحاصلة بسبب انقسام المحل من جانب العرض محينيذ كل واحد من اجزا القوام فى جزء من الاجزا الحاصلة بسبب انقسام المحل من جانب الطول لزم ان تنتقل تلك المعانى من ذلك الجانب الى هذا الجانب وحينيذ يلزم ان تنتقل تلك المعانى من جانب الى جانب بحسب تغير حصول القسمة من جانب الى جانب وايضا لو اوقعنا قسمًا فى قسم هكذا ┤├ فانه يلزم وقوع القسمة فى تلك البسايط وهو محال الوجه الثانى انه اذا كانت الانقسامات الحاصلة بسبب انقسام المحل مطابقة للانقسامات الحاصلة بسبب اجزا القوام لكن الانقسامات الحاصلة بسبب انقسام المحل غير متناهية فيلزم حينيذ ان تكون الانقسامات الحاصلة بسبب اجزآ القوام غير متناهية فيلزم كون الماهية مركبة من بسايط غير متناهية وذلك محال اما اولا فهو تقوّم الماهية الواحدة باجزآ غير بسيطة غير متناهية بالفعل محال واما ثانيا فهو كل واحد من تلك البسايط الغير المتناهية لما كان حالًا فى محل مغاير لمحل الاخر لزم كون الجسم مركبًا من اجزا متناهية بالفعل وذلك محال الوجه الثالث فى بيان فساد هذا القسم وهو ان الماهية وان كانت مركبة من البسايط الكثيرة لكن لا يكون تلك الماهية عبارة عن مجموع تلك البسايط بل لا بد وان يحدث عند اجتماع تلك البسايط هية واحدة تجرى مجرى الصورة المقومة لتلك الماهية فتلك الهية تكون هية واحدة اذا ثبت هذا فنقول تلك الهية غير قابلة للقسمة فتعقلها لا يقبل القسمة فالموصوف بذلك التعقل لا يقبل القسمة وكل جسم فانه يقبل القسمة fol. 135. b. ينتج ان الموصوف بذلك التعقل ليس بجسم واما القسم الثانى وهو ان يقال ان القسمة الحاصلة بسبب انقسام المحل لا يودى الى القسمة الحاصلة بسبب اجزآ الماهية فهذا ما تركه الشيخ لظهور فساده لان تلك القسمة الحاصلة بسبب انقسام المحل اذا لم يكن مطابقة للقسمة الحاصلة بسبب اجزآ الماهية محينيذ يلزم وقوع القسمة على تلك البسايط وذلك محال فهذا القسم لما كان ظاهر الفساد لا جرم ترك الشيخ ولقائل ان يقول هذا الوجه بنا على ان التعقل مساوى للمعقول فى تمام الماهية على ان الحال منقسم بانقسام محله وكل ذلك ممّا تقدم الاعتراض عليه

§. 20. قال الشيخ ولان الماهية المشتركة بين الاشخاص بتجرّد من

الوضع وساير اللواحق فاما ان يكون هذا التجرّد فى الوجود الخارجى او فى الوجود العقلى او فى كليهما او لا فى واحد منهما فان كان وجودة فى الوضع فى كليهما لم يكن متجرّدًا عن الوضع البتة لكنّا فرضناها مجردة هذا خلف وان كان مجرّدًا عن الوضع فى كليهما وهذا كذب لانه ذو وضع فى الاعيان وان كان ذا وضع فى العقل وليس ذا وضع فى الخارج فهذا ايضا كذب فبقى ان لا يكون له وضع فى العقل وله وضع فى الخارج فان تصور به الجسم فى العقل كان له ايضا وضع فى العقل وهذا محال

§. 21.   قال الامام هذا هو الحجة الرابعة على ان النفس ليست جسمًا ولا حالة فى الجسم وتقريرة انه لا شى من الكليّات بذى وضع وكل ما كان حالًا فى الجسم فله وضع ينتج فلا شى من الكليّات بحالة فى الجسم اما الصغرى وهى قولنا لا شى الكليّات بذى وضع فتقريرة وهو ان كل كلى فانه مشترك بين الاشخاص ذوات الاوضاع المختلفة وكل ما كان مشتركًا فيه بين الاشخاص ذوات الاوضاع المختلفة ـ فانه لا يكون له وضع معين ينتج وكل كلّى فليس له وضع معين واما الكبرى وهى قولنا وكل ما كان حالًا فى الجسم فله وضع فتقريرة ان كل ما كان حالًا فى الجسم فانه ساريًا فيه متقدّرًا بمقداره وكل ما كان كذلك فله وضع ينتج فكل ما كان حالًا فى الجسم فله وضع فهذا تقرير هذه الحجة والتقسيم المذكور فى الكتاب كانه غير مفيد وذلك لانه وضع ان الامر الكلّى متجرّد عن الوضع والكلّى لا وجود له الا فى الاذهان فيلزم منه ان الكلّى مجرد عن الوضع فى العقل وهذا يفيد كونه غير حالة فى الجسم سوآ كان مجرّدًا عن الوضع فى الخارج او لم يكن واذا كان الامر كذلك كان اعتبار هذا لتقسيم عبثا ولقائل ان يقول قد ذكرنا ان الصورة التى سميتموها بالصورة المجردة العقلية صورة شخصيّة موجودة فى نفس شخصية فكيف يمكن ان يقال انها معنى كلى مشترك فيه بين الاشخاص فان قلتم المراد من كونها كلية هو انه اذا حذف عنها شخصيتها وتغيرها وحصوايها فى ذلك المحل كان الباقى منطبقًا fol. 136. a.   بالحد على حد ساير الاشخاص الخارجية فنقول لم لا يجوز ان تاك الصورة الحالة فى الجسم تكون كلية بمعنى انه اذا حذفت عنها شخصيتها وحلولها فى الجسم كان الباقى منطبقًا بالحد على ساير الاشخاص

§. 22.   قال الشيخ وايضا فانه ليس لشى من الاجسام قرة ان يطلب او

ان يفعل امورًا غير متناهية والمعقولات التي لم تعقل ايهاشا (انتهيائيا ا.ا) كالصور العددية والشكل وغير ذلك بلانهاية فاذا هذه القوة ليست بجسم لان لكل جسم قوته الفعلية متناهية ليست اعنى الا بفعلية

§. 23. قال الامام هذا هو الحجة الخامسة وتقريرها ان كل قوة عقلية فانها تقوى على افعال غير متناهية ولا شى من القوى الجسمانية تقوى على افعال غير متناهية ينتج فلا شى من القوة العقلية بقوة جسمانية اما بيان الصغرى فنى القوة العقلية يمكنها ادراك مراتب الاعداد والاشكال وهى غير متناهية اما بيان الكبرى فنى ان كل قوة جسمانية فانها بانقسام محلها فيكون الحاصل فى بعض ذلك الجسم بعض تلك القوة فاذا فرضنا ان كل-تلك القوة وبعضها ابتدا بالفعل وان لم ينقطع فعل الجزء البتة كان الجزء مساويا للكل وهو محال وان انقطع كان فعل الجزء متناهيًا وفعل الكل ضعف وضعف المتناهى متناه فيلزم ان يكون فعل كل قوة جسمانية متناهيا وهو المطلوب ولقائل ان يقول لا نسلم ان القوة العاقلة تقوى على افعال غير متناهية اما قوله لانها تقوى على ادراك مراتب الاشكال والاعداد وهى غير متناهية قلنا لا نسلم ان الادراك فعل بل هو انفعال وذلك لانه لا معنى لادراك الحقايق الا كون المدرك قابلًا للصور العقلية فتكون الادراك من باب الانفعال وانتم سلمتم ان الامر الجسمانى لا يمتنع ان ينفعل انفعالات غير متناهية بدليل ان الهيولى قد انفعل انفعالات غير متناهية سلمنا ان الادراك فعل لكن لا نسلم ان القوة العاقلة تقوى على ادراكات غير متناهية فان قلتم الدليل عليه انها لا تنتهى الى مرتبة الا ويمكن (و)بقاها بعد تلك المرتبة وصيرورتها مدركة لمعقولات اخرى بعد ذلك وذلك يدل على انها يقوى على ادراكات غير متناهية فنقول ان دل هذا على جواز كونها فاعلة انفعالًا غير متناهية فهذا قايم فى القوة الجسمانية فاذها لا تنتهى الى وقت الا ويجوز بقا ذاتيها بعد ذلك وتزايد افعالها بعد ذلك فهذا يقتضى جواز بقا القوة الجسمانية مدة غير متناهية فان لم يلزم ههنا لم يلزم فيما قلتم سلمنا ان القوة العقلية تقوى على افعال غير متناهية لكن لا نسلم ان القوة الجسمانية لا تقوى افعال غير متناهية اما قوله كل قوة جسمانية فانها تنقسم بانقسام محلها fol. 136. b. قلنا سبق الكلام عليه سلمنا فلم قلتم ان ذلك محال قوله كل القوة وجزءها اذا ابتدا بالفعل من

مبدا معين فان لم ينقطع عمل الجزء لزم ان يكون الجزء مساويًا للكل وذلك
محال فلنا يلزم كون الجزء مساويًا للكل فى هذا المعنى ولا يمتنع كون الجزء
مساويًا للكل فى بعض الصفات واللوازم انما الممتنع انما تساويا فى جميع الامور
فلم قلتم انه يلزم من تساوى الكل والجزء فى هذا الحكم تساويهما فى جميع الامور
سلمنا ان ما ذكرتم يدل على ان القوة الجسمانية لا ينتهى فى وجودها وفى موثرتيها
الى وقت الا ويمكن بقآ ذاتيا وبقآ موثرتيها بعد ذلك والا فيلزم ينتقل الشى من
الامكان الذاتى الى الامتناع الذاتى وانه محال واذا كان الامر على ما ذكرنا كانت
القوة الجسمانية فى ذاتها وفى موثرتيها ممكنة البقآ ابدا واذا كان الامر كذلك محينيذ
ممتنع ان يقال انه مستحيل البقآ والثانى ان صريح العقل شاهد بانه لا يمتنع
بقآ الارض على طبيعتها ابدا ومتى كانت باقية على طبيعتها وكانت تلك الطبيعة
خالية عن العايق (العلائق؟) فان تلك الطبيعة وجب حصولها فى مركز العالم فثبت
ان بقآ الطبيعة الارضية مع بقا كونها موجبة حصول الارض فى مركز العالم امر ممكن
غير ممتنع ابدًا وذلك يدل على ما قلناه الثالث انه يمتنع ان يجب عدميها فى
وقت معين ومتى كان الامر كذلك وجب ان يصح استمرارها ابدًا اما الاول فهى
تلك الماهية ممكنة لذاتها والاوقات متشابهة فيمتنع ان يصير واجب العدم فى
وقت يعينه ولو عقل ذلك فليعقل ايضا ان يصير واجب الحدوث فى وقت يعينه
وحينيذ لا يمكن الاستدلال بحدوث الحوادث على افتقارها الى الموثر وذلك باطل
بالبديهة واما الثانى فلانه لما لم يجب عدميها فى شى من الاوقات المعينة وجب
ان يصح استمرارها ابدًا فلانه لا ينتهى الى وقت الا ويجوز بقاوه بعد ذلك ولا معنى
لجواز البقآ الابدى الا ما ذكرناه فثبت بهذه الوجوه الثلثة ان القوة الجسمانية لا
يمتنع بقاءها مدة غير متناهية سلمنا جميع ما ذكرتموه لكنه منقوض على اصولكم
بالنفوس التى هى المحركات القرينة فانها عندكم قوة جسمانية مع انها توجب
حركات الاملاك ازلًا وابدًا واجابوا عنه بان القوى الجسمانية لا يمتنع عليها انفعالات
غير متناهية واذا ثبت هذا فنقول النفوس الفلكية تستفيد القوة من فيض العقول
المفاردة فيقوى بسبب ذلك على افعال غير متناهية فنقول اذا جوزتم هذا فلم لا
تجوزوا ان يقال ان النفس الناطقة جسمانية الا ان انوار العقل الفعال فايضة عليها
فلهذا قويت النفس الناطقة على افعال غير متناهية

§. 25. قال الشيخ نقد بان لك ان مدارك المعقولات وهو النفس الانسانية
fol. 137. a. للمادة برى عن الاجسام منفرد الذات بالقوام جوهر غير مخالط
والفعل ويمكن هذا اخر ما نقوله فى الطبيعيات

§. 26. قال الامام انه لما فرغ عن ذكر الدلايل اردنيا بالنتجة وهى ان
النفس الانسانية موجود ليس بجسم ولا جسمانى وهو المطلوب ولختم عذه الجملة
بذكر مسلة فى اثبات حدوث النفس الناطقة واحتجوا عليه بان قالوا لو كانت
النفوس ازلية لكانت اما واحدة او كثيرة وهما باطلان فالقول بازليتها باطل اما
الشرطية فبدعيّة واما انها غير كثيرة فلانها لو كانت كثيرة لامتاز كل واحد منها
عن الاخر بامر ما وذلك الامر اما نفس الماهية او داخل فيها او خارج عنها
والاولان باطلان لان النفوس البشرية متساوية فى الماهية والخارج عن الماهية اما
لازم او مفارق واللازم باطل لان الاشباء المتساوية فى تمام الماهية يمتنع اختلافها
فى اللوازم والمفارق باطل لان التغاير بالعوارض المفارقة لا يكون الا للمتغاير فى
المادة ولا مادة للنفس غير البدن ولا بدن قبل البدن واما انها غير واحدة
فلانها بعد التعلق بالبدن ان بقيت واحدة لزم ان يكون معلوم كل احد
معلومًا لكل واحد وهو باطل وان تعددت فهو محال لان التعدد بعد الوحدة من
خواص الجسم والنفس ليست بجسم فيمتنع ذلك عليها ولقايل ان يقول السوال قايم
من وجوه لم قلتم انها لو كانت متعددة لكان ذلك لاجل اختصاص كل واحد
منها بامر ما فان هذا بناءً على ان التغير زايدا على الماهية وذلك باطل والا لزم
التسلسل السوال الثانى لم قلتم ان النفس البشرية متساوية فى تمام الماهية وبيانه
ان النفوس البشرية متساوية فى قبول العلوم وفى تدبير الاجساد البشرية وكل ذلك
من باب الصفات والاستواء فى اللوازم لا يدل على استواء فى الملزومات السوال
الثالث لم لا يجوز ان يقال ان يقع التمايز بالعوارض المفارقة قوله التمايز بالعوارض
لا يكون الا للمتغاير فى المادة قلنا يشكل بتغاير المواد فان ذلك لو كان لتغاير
المواد لزم التسلسل فان كان لتغاير الصفات الحالة فى تلك المواد لزم الدور وان
لم يكن لشى من ذلك فقد حصل التغاير لا لاجل المادة المقام الثانى لم قلتم
انه لا مادة للنفس الا البدن وما البرهان على الحصر ثم نقول انتم تقولون ان
النفوس بعد مفارقة الابدان لا يمتنع ان تتعلق بضرب من الاجسام السماوية

فلهذا السبب حصل التعاير المقام الثالث هب ان الامر كما قلتم لكن لم قلتم انه ليس قبل هذا البدن بدن اخر وعلى هذا التقدير يكون برهان حدوث النفوس مبنيًا على بطلان التناسخ وانتم بنيتم برهان بطلان التناسخ على حدوث النفوس فيلزم الدور ثم نقول لشكل ما ذكرتم بالنفوس الهيولانية المفارقة فانه لا امتياز بينها فى شىء عن الذاتيات واللوازم والعوارض المفارقة مع انها متعددة لا يقال امتياز كل واحد منها عن غيره انما كان مشعورة بذاته الخصوصة ومشروطة بامتياز ذاته عن غيره فلو كان الامتياز معللًا بذلك الشعور لزم الدور وهو محال ثم نقول هب ان ثبت القول بحدوث النفس فما الدليل على فساد التناسخ قالوا عند حدوث البدن الخصوص تحدث نفس فلو تعلقت نفس اخرى به على سبيل التناسخ لزم اجتماع نفسين فى بدن واحد وهو محال باطل قلنا لم لا يجوز ان يقال النفوس مختلفة بالماهية وكان البدن الصالح لهذه النفس لا يكون صالحًا لنفس اخرى الثانى هب ان النفوس واحدة فى النوع لكن لم لا يجوز ان يقال النفس التناسخية نفس حصلت فيها هيات كسبية من العلوم والاخلاق فهذا البدن لا يصلح الا للنفس الموصوفة بتلك الصفة والنفس الحادثة يكون خالية عن هذه الصفات فلا جرم لا يكون هذا البدن صالحًا للنفس الحادثة السوال الثالث توليكم ان عند حدوث البدن يجب فيضان نفس حادثة فنقول هذا انما يلزم اذا كان موجد النفس الناطقة موجِبًا بالذات اما اذا كان فاعلًا بالاختيار فمن اين يلزم ذلك

السوال الرابع لا يجوز ان يقال النفس التناسخية اولى لانها موجودة قبل حدوث البدن فهى تتعلق بذلك البدن قبل استكمال مزاجه ويصير ذلك التعلق ما بقا من حدوث نفس اخرى

السوال الخامس هذا ايضًا وارد عليكم لان البدن عند حدوثه كان قابلًا لنفس زيد ولنفس عمرو ولان النفوس متساوية فلم فاض على هذا البدن نفس زيد دون نفس عمرو

السوال السادس لم قلتم انه يمتنع تعلّق النفسين بالبدن الواحد وههنا اخر الكلام فى الطبيعيات

Correcturen

zu Bd. XI. Abth. I. der Abhandlungen der k. bayer. Akademie der Wissenschaften. I. Cl. 1866.

S. 195 Z. 3 v. u. lies: suscipe statt fuscipe. S. 197 Z. 31.: Einreihung st. Einreichung. S. 199 ult. l.: العالِيَة st. العالِيَّة S. 202 Z. 4 l.: المُرتبة st. للمرتبة S. 202 Z. 15 u. 16 lies: wobei man sich mit terminis mediis an Probleme wendet. S. 202 Z. 12 v. u. l.: اكثر st. اكثي S. 202 Z. 20 l.: بالتخيل S. 203 Z. 13 l.: العقل S. 208 Z. 6 v. u. l.: Abraham. S. 208 Z. 2 l.: inauguralis. S. 210 Z. 5 v. u. l.: $\mu\alpha\vartheta\eta\mu\alpha\tau\iota\varkappa\alpha$ u. Z. 3: $\alpha\dot{\upsilon}\tau\dot{o}\nu$. S. 212 Z. 17 l.: Averroes. S. 227 Z. 18 l.: Standpunkt st. Standdunkt. S. 233 Z. 4 v. u. l.: wäre st. wären. S. 239 Z. 7 l.: die Wirklichkeit.